江戸三百藩

スキャンダルで読み解く

山本 明

Yamamoto Akira

文芸社文庫

はじめに

「先日、江戸城松之大廊下で吉良義央《よしひさ》さんに斬りかかり、即日切腹となった赤穂藩お殿様の浅野長矩《ながのり》さんですが、凶行に及んだ理由をめぐり各方面で議論が沸騰しています。生前、無類の女好きだったとか、極端なケチだったとかの裏の顔も露見、日本中が故・長矩さんの話題でもちきりです」

江戸時代にワイドショーがあれば、1701年春には〝忠臣蔵〟こと「元禄赤穂事件」の発端となった刃傷沙汰をこんな調子で連日報じていただろう。

長矩同様、後先考えずに愚行を犯した「やっちゃった系」の殿様は結構多い。吉原のトップ遊女を莫大な金額で身請けし、27歳で隠居に追い込まれた殿様や、口うるさい家老にブチ切れて家老一族を処刑してしまい、40万石を棒に振った殿様なども、ワイドショーの格好の餌食だったはず。

美少年に入れあげて政治を顧みずに左遷された殿様、出世の遅れにクレームを付けて藩を放り出した殿様。さらにライバルに毒を盛った殿様や、殺す相手を間違えて別の藩主の命を奪った殿様もいた。隣藩からの贈り物が気に入らないと、その藩の領民を次々殺めていった殿様……などなど。

本書はそんな炎上必至の藩主たちの顛末を含め、あえて好奇心を刺激するワイドショー的なネタを集めてみた。藩の歴史に絡めて語ることで、変化球ではあるが、歴史に苦手意識をもつ人にも楽しく読み進めてもらえると思う。

江戸前期、藩の取り潰し＝お家断絶（改易）が横行した。トップの愚行で路頭に迷う家臣はたまったものではない。暗君を座敷牢に幽閉する、「押し込め」という非常手段で難局を乗り切った藩も少なくない。また所領没収を恐れ、若死にした藩主に代役を立てて、幕府の目をごまかした藩もあった。

頻発したお家騒動も交え、突っ込みどころ満載の改易にまつわる秘話も紹介していこう。なかには、「これって、まんまウチの会社じゃん」なんて、身につまされるエピソードもあるかもしれない。

政権内の権力闘争も凄まじかった。幕府転覆の嫌疑をかけられた代官の大久保長安《ながやす》は、遺体を掘り起こされて首をさらされ、長安と関係が深かった藩主たちも粛清の憂き目に遭った。事件は本多正信・正純父子の謀略だとされる。

2代将軍秀忠の暗殺を目論んだという「宇都宮城釣天井《つりてんじょう》事件」では、今度は本多正純が失脚に追い込まれた。本多父子が仕組んだ大久保忠隣《ただちか》改易に対する報復だったが、これ以外にも幕政を揺るがす謀略劇は多発した。学校の教科書には決して載らない権力をめぐる陰謀、暗闘も藩の歴史に織り込んでいく。

歴史は思いの外、人間くさい。日本史は暗記科目だと敬遠してきた人も、この本で面白さに目覚めてもらえば幸いだ。

山本明

◎1868（明治元）年まで存続した藩を中心に掲載した。同年に成立した、いわゆる「維新立藩」も加えている。ただし、大政奉還後に徳川家が入封した駿府藩（静岡藩）や、その誕生の余波で玉突き的に生まれた諸藩についてはカットした。
◎都道府県単位で藩をまとめた。幕府直轄地の東京都、山梨県は藩がなく掲載していない。
◎藩名、大名家名、大名種別は、『藩と城下町の事典』（東京堂出版）に準じた。石高は『日本史広辞典』（山川出版社）を中心に、『藩と城下町の事典』『藩史総覧』（新人物往来社）ほかを参照しつつ、妥当と思われる廃藩時の石高を記載している。なお、石高は3ケタ以下を切り捨てた。また藩の所在地は、藩庁（城・陣屋）の置かれた場所を現住所に変換した。市町村統合で変更になることもある。
◎年代表記は江戸期のみ元号を用いず、西暦を使用した。
◎事件、エピソードに対しては様々な見方があり、本書とは別の見解をもつ研究者もいる。

主な参考文献
●「新編　物語藩史」（児玉幸多・北島正元監修／新人物往来社）
●「国別　藩と城下町の事典」（工藤寛正編／東京堂出版）
●「藩史総覧」（児玉幸多・北島正元監修／新人物往来社）
●「藩史事典」（藤井貞文・林陸朗監修／秋田書店）
●「日本史広辞典」（山川出版社）
●「朝日　日本歴史人物事典」（朝日新聞社編／朝日新聞社）
●「週刊　ビジュアル江戸三百藩」（ハーパーコリンズ・ジャパン）
●「週刊　江戸三百藩」（朝日新聞出版）
●「新発見！　週刊　日本の歴史」（朝日新聞出版）
●「江戸大名家総覧」（秋田書店）
●「江戸大名　廃絶物語」（新人物往来社編／新人物往来社）
●「身につまされる江戸のお家騒動」（榎本秋著／朝日新書）
●「徳川某重大事件」（徳川宗英著／PHP新書）
●「徳川将軍家が見た　幕末の怪」（徳川宗英著／角川ONEテーマ21）
●「江戸時代のすべてがわかる本」（大石学編著／ナツメ社）

目次

江戸時代とは？——開府から大政奉還までの265年

征夷大将軍を権威のよりどころに徳川15代が統治

まずは江戸時代のおさらいを駆け足で——。1600年の関ケ原合戦で石田三成ら敵対勢力を一掃した徳川家康は、1603年に朝廷から征夷大将軍の宣下を受けて幕府を開いた。以後、将軍職を政権の正統性に、徳川家が265年間君臨する。1867年に15代慶喜《よしのぶ》が将軍職を朝廷に返上（大政奉還）し、江戸時代は幕を閉じた。

家康は天下取りの布石として幕府を立ち上げたと思われがちだが、豊臣秀頼が公式の天下人として大坂城にいて、豊臣家公認の「東国政権」として発足したに過ぎないという見方が今では支配的である。実際、西国には家臣を藩主として送り込んでいないし、開府直後には実質的な人質として孫の千姫を秀頼に嫁がせている。

その後、西国大名を徐々に臣従させていき、政権の足場を固めていった家康だが、1611年、二条城で19歳になった秀頼と会い、そのカリスマ性に冷水を浴びせられた。徳川家は秀頼によって滅ぼされると危機感を覚えた家康は、難くせをつけて挑発。1615年、大坂夏の陣で豊臣家を滅ぼし、東国政権から脱皮した。

2代将軍秀忠は、1619年に豊臣恩顧《おんこ》の有力大名・福島正則《まさのり》（安芸49万石）を改易に追い込み、西国にも及ぶ統制権を確立した。参勤交代や老中制ほかの諸制度を整備したのが3代家光で、幕府の支配はこの家光で盤石となった。

犬将軍と揶揄された5代綱吉の時代には、経済発展により京・大坂を中心に元禄文化が花開く。徳川宗家が絶え、御三家紀州藩から迎えられた8代吉宗は、破綻状態の財政を「享保の改革」で立て直して中興の祖と呼ばれた。

11代家斉《いえなり》の時代には、ロシア使節が長崎に来航するなど、日本を取り巻く情勢が慌ただしくなった。1853年、米国使節のペリーが軍艦（黒船）を率いて浦賀沖に来航し、幕府に開国を迫った。これ以降、幕末の激動に突入する。老中の阿部正弘は鎖国を解いたが、その際、政治に参加させてこなかった外様や親藩にも意見を求めた。これが薩摩藩、長州藩の発言力向上につながり、明治維新への伏線になった。

対立は朝廷を巻き込み激化していく。幕府は倒幕の急先鋒、長州に攻め込むが、手痛い反撃を受けて撤退。長州と薩摩は連合を形成し、幕府への圧力を強めた。

15代慶喜は次期政権の盟主を目論み、将軍職を返上する奇手に出た。1867年12月に討幕派が王政復古のクーデターで慶喜に逆襲、朝廷を中心にした新政府を樹立するに至る。新政府軍は鳥羽伏見の戦いで勝ち、尊王主義者だった慶喜は恭順を示し屈服した。戊辰戦争でも旧幕軍は敗北し、徳川の命運は断たれたのである。

藩とは何か？——藩の裁量を許した幕藩体制の仕組み

所領の石高で「1万石」が大名と旗本の分岐点

江戸時代の民衆にとって、国とは藩のことだった。別の藩は「外国」であり、だからこそ中央集権を目指した明治維新は大変だったのである。

そもそも藩とは、石高で1万石以上を有する大名の統治機構のことだ。石高は所領の生産性を米の量に換算したものだが、1万石が格付けの重要な線引きとなり、これ以上を大名と呼び、1万石未満を旗本として区別した。

5000人いたとされる旗本にとって、1万石超えは悲願だった。幕末から明治維新のどさくさに紛れ、石高をごまかして大名に昇格した旗本も少なくない。

大名には様々な家格があったが、小藩の場合、城持ち大名＝城主になれるかどうかが最大の関心事だった。城が築けるのは3万石が目安とされ、以下だと小規模な陣屋に甘んじる。とはいえ基準は曖昧で、2万石台でも城持ちになれた大名もいた。

江戸時代を通じ、藩の数は300弱で推移した。そのため「江戸三百藩」といわれるが、300あったわけではなく、あくまで通称である。なお、藩は明治維新で消滅したのではなく、1871年（明治4年）の廃藩置県まで行政単位として存続した。

藩の取り潰しが多かったのは江戸前期で、半年もたない藩もあった。3代家光の末期には改易で50万人もの牢人が生じ、由井正雪が幕府転覆を謀った「慶安事件」として問題が噴出する。大名家廃絶の原因は世継ぎがない無嗣断絶がもっとも多かったため、4代家綱の後見人となった家光の弟の保科正之は、打開策として養子制度の見直しを図った。だが廃絶が実際に減少するのは、6代家宣になってからである。

無嗣断絶を防ぐため、藩がとった対策が支藩の設立だった。藩主が次男、三男に領地を分けたり蔵米を支給したりして藩を立てさせ、宗家が絶えた場合に藩主に迎えた。将軍を出せる徳川御三家や御三卿の制度にならった仕組みといえる。

石高450万石を誇った「最大藩」の徳川将軍家

幕府を頂点とし、将軍と大名は主従関係を結びながらも藩の運営は大名に委ね、財政も独立採算制がとられた。年貢の税率も藩によって様々で、藩が4割とる「4公6民」から、領民には極めて辛い「8公2民」と重税を課す藩もあった。

そんな自由裁量が許された300近くの半独立国の上に、中央政府として幕府が君臨するシステムが「幕藩体制」である。幕府に上納する義務がなかったのも特徴で、8代吉宗の時代に短期間、上納米を幕府に収めさせたが、これは例外といっていい。

ちなみに、江戸中期に富士山が噴火（宝永大噴火）した際、あまりの被害に幕府は石高に応じて拠出金の提供を求めた。だが幕府は被災民を顧みず、集まった49万両のうち、33万両を財政再建に流用してしまった。ときの将軍は仁政を掲げた5代綱吉だったが、幕府がどこまで庶民のことを考えていたかを如実に物語る。

さて、江戸時代最大の藩は金沢（加賀）藩の102万5000石だったが、実はそれ以上の「大藩」があった。徳川将軍家である。

江戸、大坂、京、奈良、甲斐（山梨県）、飛騨地方ほか、各地に直轄地を所有し、そこからの年貢に加え、長崎での貿易の利益や全国の鉱山からの収入もあり、トータルの石高では450万石（江戸中期）と諸藩を圧倒した。幕府に仕える旗本・御家人領を加えると700万石を超え、力の淵源はこの財力にもあった。

藩の種類は、将軍家との関係の近さから親藩、譜代、外様の三つに大別された。親藩は家康の男系子孫が立てた藩で、尾張、紀州、水戸の徳川御三家もここに含まれる。譜代は関ケ原合戦以前から家康に仕えていた大名のことで、井伊家などごく一部を除き、石高は比較的低く抑えられた。外様は関ケ原合戦以後に徳川家に従った大名たちを指し、中央から離れた比較的遠隔地に配置された。

要職に就くのは譜代に限られ、外様は幕政から遠ざけられていたが、江戸後期になると徳川家と縁戚を結び、準譜代扱いを受けて政治参加する外様大名も出てきた。

北海道・青森県・岩手県・宮城県・秋田県・山形県・福島県

北海道・東北編

松前(福山)藩	3万石格
弘前(津軽)藩	10万石
黒石藩	1万石
八戸藩	2万石
七戸(盛岡新田)藩	1万石
一関藩	3万石
盛岡(南部)藩	20万石
仙台藩	62万石
久保田(秋田)藩	20万5000石
久保田新田(岩崎)藩	2万石
亀田藩	2万石
本荘藩	2万石
矢島藩	1万5000石
新庄藩	6万8000石
庄内(鶴岡)藩	16万7000石
出羽松山(松嶺)藩	2万5000石
山形藩	5万石
米沢藩	18万石
米沢新田藩	1万石
長瀞藩	1万1000石
天童藩	2万
上山藩	3万石
会津藩	28万石
二本松藩	10万石
中村(相馬)藩	6万石
白河藩	10万石
棚倉藩	10万石
磐城平(磐城)藩	4万石
福島藩	3万石
三春藩	5万石
泉藩	2万石
湯長谷藩	1万5000石
守山藩	2万石

松前《まつまえ》（福山《ふくやま》）藩〈北海道〉

大名家＝松前家　石高＝3万石格
大名種別＝外様　城・陣屋＝松前城
所在地＝北海道松前町

時代の波に翻弄された国内最北の城下町

江戸時代、北海道は米作が困難で石高制が適用できず、代わりにアイヌとの交易を石高に認定してもらい、渡島《おしま》半島の福山に立藩した。特殊性から幕府に家格を曖昧にされていたが、必死の工作で、1719年になって1万石格の大名待遇が得られた。

松前家の財政を支えたアイヌ交易だが、横行する搾取に抗議して1669年、族長のシャクシャインが反乱を起こす。激しい抵抗に遭遇した藩は、偽りの和平交渉を呼びかけ、酒宴の席でシャクシャインを謀殺した。アイヌは戦いに敗れたことで自治を失い、和人の支配体制に組み込まれた。やがて交易は実態を失い、藩が派遣した商人により、アイヌは海産物生産に従事する使役を強要されるようになった。苛烈な労働でアイヌ人口は激減。松前藩の悪政は消し去ることのできない汚点である。

門閥間の抗争が絶えない藩だった。5代矩広《のりひろ》の時代には5人の家老が暗殺される異常事態を迎えた。幕府は矩広に注意処分を下したが、本来なら改易が妥当。取り潰さなかったのは、蝦夷地支配は松前家にしかできないという配慮があったからだ。

この事件に関連し、こんな逸話も残る。矩広には幾江と松江という愛妾がいたが、幾江につながる派閥が松江と僧侶柏巌《はくがん》との密通をでっち上げた。二人は処刑されたが、柏巌が斬首されると近くの川が逆流し、陥れた一族には不審死が相次いだという。今でも不吉なことが起きると、柏巌の祟りだと道南ではささやかれるそうだ。

1807年、突如、福島県梁川《やながわ》への転封を命じられ、藩に激震が走った。ロシアの脅威が拡大し、幕府が北海道全域を直轄にしたからである。9000石に降格された松前家は大名待遇を失うとともに、家臣6割の解雇を余儀なくされた。

福山への復帰のために、老中の水野忠成《ただあきら》に賄賂攻勢をかける。アイヌの族長を描いた『夷酋列像《いしゅうれつぞう》』で知られる家老の蠣崎波響《かきざきはきょう》も、絵を売って費用にあてた。結局、賄賂は効かず、ロシアの南下が治まった1821年になって帰れたが、1万石格への復帰にはさらに10年を要し、幕府に1万5000両の献金も払わされた。

幕末の1854年、北方警護の拠点にするため、幕府は藩に築城を命じた。併わせて内地に領地をもらって3万石格に昇進。松前家も晴れて城持ち大名になれたわけで、喜びもひとしおだっただろう。だが、せっかくの城も1868年、榎本武揚《たけあき》率いる旧幕軍によって落とされた。藩は時間稼ぎのため、旧幕軍襲来を城下に知らせずに逃走した。盾にされた領民に多大な犠牲が出たが、これも松前藩の拭えない汚点といえる。

弘前《ひろさき》（津軽《つがる》）藩〈青森県〉

大名家＝津軽家　石高＝10万石
大名種別＝外様　城・陣屋＝弘前城
所在地＝青森県弘前市

実子を毒殺し藩を守った満天姫《まてひめ》の数奇な人生

戦国末期に南部家家臣・大浦為信《ためのぶ》が南部領だった津軽を奪取し、津軽氏に姓を改めて支配者に収まった。為信は幕府に領地を安堵してもらい、弘前藩が誕生した。盛岡藩を治める南部家にとって為信は裏切り者である。遺恨は尾を引き、１８２１年には盛岡藩士が弘前藩主の行列を襲撃する「相馬大作事件」も起きた。

関ケ原合戦では為信は実子を東西に分け、真田家同様の両天秤作戦に出た。兄信建《のぶたけ》は西軍、弟の信枚《のぶひら》を東軍に配したが、東軍の勝利により信枚が2代藩主に就いた。

この信枚に嫁いだのが家康の義理の姪・満天姫だ。満天姫は再婚で、最初の夫は福島正則《まさのり》の養子正之だった。正之との間に直秀をもうけたものの、正之が養父正則に殺されて寡婦《かふ》になった。一方、信枚には愛妻の辰姫がいた。だが幕命の婚姻を受け入れるしかない。ちなみに辰姫は石田三成の娘で、関ケ原合戦後に津軽家が匿っていた。

信枚は結婚後も辰姫を寵愛、満天姫は望まれない身であることを知る。ところが藩に新潟への転封の命が下ると、津軽家のために徳川人脈を駆使してこれを阻止した。また信枚が没すると、信枚との間に信英《のぶふさ》がいたにも関わらず、信枚の遺訓に従って辰姫の子信義《のぶよし》を3代目の藩主に就けた。1636年、そんな満天姫が手を汚す。連れ子の直秀が、改易された福島家の再興に動き出したのだ。藩にとって危険な行為であり、満天姫は毒を盛ってわが子直秀を葬った。満天姫は悲劇の人である。

信義の時代には大事件が連発した。信義が新参の船橋半左衛門を重用したため、旧臣が反発して幕府に直訴する「船橋騒動」が起きた。信義を隠居させ、信英を藩主に立てようとする「津軽騒動」ももち上がり、信義は加担した弟らを処刑した。

江戸後期には財政が破綻して借財難にあえいだ。天明の大飢饉では飢える領民を見捨て、利息返済のために備蓄米を大阪に送った。その結果、領民の3分の1、8万3000人が亡くなる。旧領内にはこのときの餓死者を慰霊する地蔵が多数祀られる。

戊辰戦争では盛岡藩領だった県東部の野辺地《のへじ》を弘前藩が攻撃した。同じ青森県ながら、この襲撃で県東部の人々の津軽への反目感情は今に至るも解消されていない。

●黒石藩　津軽家　1万石　外様　黒石陣屋　青森県黒石市

満天姫の子である津軽信英が、甥に当たる弘前藩4代藩主信政の後見役を務め、1656年にその功に対して黒石の領地が分与された。弘前藩の完全支藩として、8代で継嗣が絶えた宗家に弘前藩9代となる寧親《やすちか》を送り出している。

〈青森県にあった藩〉

八戸《はちのへ》藩

南部家　2万石　外様　八戸城　青森県八戸市

1664年、盛岡藩2代南部重直《しげなお》が後継を決めずに死去した。本来なら断絶だが、源氏の名門ということで幕府が特別に裁定を下し、遺領10万石のうち、重直の弟重信《しげのぶ》に8万石を与えて盛岡藩を継がせ、その下の弟直房《なおふさ》に残りの2万石を分けて八戸藩を立てさせた。だが分割に不満の盛岡藩は、刺客を放って直房を暗殺する。

八戸藩は、幕命により領地をもらったので、同族ではあるが盛岡藩の支藩ではないと主張。ところが盛岡藩はそれを認めず支藩として接した。そんな経緯ゆえ、両藩の関係は常にぎくしゃくし、領民が境界をめぐって衝突する事件も相次いだ。

七戸《しちのへ》（盛岡新田《もりおかしんでん》）藩

南部家　1万石　外様　七戸陣屋　青森県七戸町

八戸藩とは異なり、こちらは盛岡藩を支えるために設けられた支藩だ。盛岡藩4代行信《ゆきのぶ》から弟政信が5000石を分与されて旗本になり、5代信鄰《のぶちか》の時代に石高が1万石を超えて大名に列した。江戸定住を命じられた陣屋もない無城大名だったが、1858年、北海道での北方警備の功により、ようやく陣屋を築くことができた。

一関《いちのせき》藩〈岩手県〉

大名家＝田村家　石高＝3万石
大名種別＝外様　城・陣屋＝一関城
所在地＝岩手県一関市

名跡は復活したが味わった「子会社」の悲哀

田村家は平安初頭に蝦夷《えみし》戦争で活躍した征夷大将軍、坂上田村麻呂《さかのうえのたむらまろ》を祖と仰ぐ名家だ。戦国時代には今の福島県田村市周辺に勢力を張ったが、まわりの蘆名《あしな》氏や相馬氏にしだいに圧迫され、伊達政宗に愛姫《めごひめ》を嫁がせて旗下《きか》に入った。だが豊臣秀吉の小田原攻めに参加しなかったことを理由に、秀吉によって田村家は断絶させられた。

これを悲しんだのが愛姫で、生家の名跡復活を夫の政宗や子の忠宗（仙台藩2代藩主）に嘆願した。その望みがかない、政宗の孫宗良《むねよし》が田村家を相続して、宮城県岩沼市に3万石をもらった。1682年には岩沼から一関に移り、一関藩が成立する。

田村を名乗っても実質は伊達の分家。62万石では相手が悪い。領民の統治は常に仙台の顔色を見ながら進めざるを得なかった。とはいえ利点もあり、それは借金ができること。藩はこの「特権」を行使して、「親会社」から頻繁に援助を受けた。なお、仙台藩主11代斉義《なりよし》は一関藩出身で、13代以降も斉義の系譜である。

盛岡《もりおか》（南部《なんぶ》）藩〈岩手県〉

大名家＝南部家　石高＝20万石
大名種別＝外様　城・陣屋＝盛岡城
所在地＝岩手県盛岡市

弘前藩主を大砲で襲撃した「みちのくの忠臣蔵」

南部家は山梨県南部町がルーツで甲斐源氏の名門だ。鎌倉時代から北東北を支配し、利直《としなお》が三戸《さんのへ》から盛岡に拠点を移して近世盛岡藩の歴史は始まった。名門意識ゆえ、プライドが高い藩主がときどき出てきて悶着を起こす。2代重直《しげなお》もそんな一人だ。

唯我独尊で諌言した家臣のクビを次々切る暴君だったが、外様はいやだから譜代になると宣言したときには幕府も目を点にした。外様から譜代はそもそもムリな話。世継ぎがなかった重直は次期藩主として老中堀田正盛の子を養子に迎え、すっかりその気だった。当然ながら思惑は挫かれたが、以後、偏屈度を増し、後継者の指名を拒否したまま亡くなった。その後の顛末は八戸藩のところでふれている。8代利雄《としかつ》の嫡男利謹《としのり》も譜代になるといい出し、手段として領地返上を公言したため、世継ぎを取り消され謹慎に処された。ところが反省せず、謹慎も乱行三昧の生活を送ったのだ。

10代利敬《としたか》も誇り高かった。盛岡藩は津軽を弘前藩祖の津軽為信《ためのぶ》に奪われて以来、弘前藩に敵愾心《てきがいしん》を燃やしてきたが、同じく北方警護に駆り出されながら、弘前藩の寧親《やすちか》だけ功が認められて石高が上がった。利敬は怒り心頭でウチもアップだと幕府に捻じ込み、石高倍増を勝ち取って溜飲を下げた。とはいえ石高上昇は、幕府への奉仕事業の増加にもつながる。結局、藩の財政を困窮に追い込む結果を招いた。

石高では弘前藩の倍と差を見せつけたが、官位は寧親より上位をもらえず同格のまま。怒りが収まらない利敬は、やがて心を病んで死去した。

1821年、利敬の無念を晴らせと、藩士の下斗米《しもどまい》秀之進が参勤交代中の寧親が乗る駕籠に大砲を打ち込んだ。密告で暗殺は未遂に終わり、秀之進は相馬大作と名を変えて江戸に逃れたが、結局獄門にかけられた。この「相馬大作事件」を歌舞伎が「みちのくの忠臣蔵」として描き評判を呼ぶ。今でも盛岡や九戸の祭りに忠臣として相馬大作の山車《だし》が出るが、襲われた側の弘前の人々は心中穏やかではないだろう。

藩主をめぐっては、11代利用《としもち》の秘話も欠かせない。利用は17歳で早逝したが、世継ぎもなく、このままでは改易も必至。急遽、従兄の駒五郎を替え玉に立て幕府を欺いた。利用は2人いたのである。露見しなくて幸いというしかない。

この藩最大の問題児は12代利済《としただ》だ。飢饉で餓死者が出るなか、酒池肉林の生活を送った。諫める家臣たちを更迭、隠居後も若い藩主を立てて院政を敷き、藩政をほしいままにした。大一揆が頻発し、見兼ねた幕府が乗り出し江戸謹慎に追い込んだのである。

仙《せん》台《だい》藩〈宮城県〉

大名家＝伊達家　石高＝62万石
大名種別＝外様　城・陣屋＝仙台城
所在地＝宮城県仙台市

独眼竜の威光も吹き飛ぶ陰惨な「伊達騒動」

仙台藩祖の伊達政宗は18歳で伊達家の当主に就いた。１５８９年、豊臣秀吉に背いて会津を奪取、23歳で１００万石超えの大大名になった。翌年、秀吉から服属の証である小田原攻めへの参陣を求められ、逡巡した挙句、これに屈した。

小田原では死に装束姿で秀吉の前に現れた。これが秀吉に受けて死罪を免れたが、会津の領地は没収となる。さらに宮城県で一揆を扇動したことがばれた際にも、死に装束で秀吉に謁見。この人を食った芝居っ気が、政宗ファンを魅了してやまない。

関ケ原合戦では、徳川家康から会津49万石を奪っていいとの内諾を得たが、ステップとなる福島城が落とせず目論見は不発に終わる。大坂夏の陣でも真田信繁（幸村）に劣勢を強いられ、戦国の雄ではあっても、必ずしも戦巧者というわけではなかった。

１６０１年、大崎市の岩出山から仙台に拠点を移し、この地に城下町を開いた。新田開発に力を注ぎ、家康から認められたのは62万石だったが、実際の石高は１００万石を超えていた。後に江戸の町で流通する米の半分は仙台産となる。

1611年、慶長《けいちょう》奥州地震で沿岸の穀倉地帯は大打撃を被った。政宗は復興のためにスペイン領メキシコとの交易を思い立つ。1613年、慶長遣欧使節をスペイン、ローマに送った。とはいえ通商交渉は残念ながら失敗に終わる。

派遣はスペインと結んで幕府を打倒するためだったとの意見もある。家康の親書を携え、幕府公認がはっきりしていて誤解だが、政宗は終生天下取りの野望に燃えていたと語られがちだ。秀吉に屈服した段階であきらめていたと見るのが妥当だろう。

政宗は逸話に富むが、最新研究でいくつか見直しがなされている。母に毒を盛られたという件は、今では創作説が支配的。また失明した眼球をえぐらせたとの話も、亡骸を調査した結果では摘出痕はなかったという。ちなみに、独眼竜のトレードマークたる鍔《つば》をあしらった眼帯も、映画の演出に過ぎず本人はしていなかった。

政宗は70歳で大往生を遂げたが、カリスマが去ると組織は大揺れするもの。2代忠宗はなんとか乗り切ったが、3代綱宗が大事件を呼び込んでしまった。

綱宗の伯母は後西《ごさい》天皇の生母だ。天皇の従兄弟という身分から何でも許されると錯覚したか、連夜、吉原で豪遊して政治を顧みなかった。3代目のダメ坊ちゃんの典型か。1660年、親族の大名が幕府に申し出て、綱宗は21歳の若さで隠居させられた。綱宗が遊女を一刀両断にしたとの残虐話も伝わるが、これは後世の創作だ。

後継者となる綱村はわずか2歳。幕府トップの酒井忠清《ただきよ》は伊達宗勝を後見役に指名した。忠清は養女を宗勝の子に嫁がせているから、大藩を牛耳りたいとの思惑もあったのだろう。宗勝は政宗の10男で、自分が藩主に就くべきだと考えていた。忠清という後ろ盾を得たことで宗勝は野望を露骨にし、家老の原田甲斐を抱き込んで反対派17名を粛清、その一族まで惨殺した。こうして宗勝の専制体制が確立する。

ついに幼藩主綱村が宗勝に毒殺されそうになるに及んで、伊達一門の重鎮、反宗勝派の伊達宗重が立ち上がり、幕府に宗勝弾劾の訴状を提出した。

1671年、幕府は宗重と甲斐を呼び、取り調べをする。査問の席で惨劇が起きた。悪事の露見を恐れた甲斐が宗重を斬り殺したのだ。甲斐も斬られて果てた。宗勝は罪を問われ、流罪になって騒動は終結した。幼い藩主に罪は問えないと伊達家は取り潰しを免れたが、政宗の子孫でなければ改易は必至だったはず。

事件は「伊達騒動」と呼ばれ、江戸三大お家騒動の一つに数えられる。歌舞伎では悪人として描かれることの多い甲斐だが、山本周五郎は『樅ノ木は残った』で藩を思う忠節の人とした。立ち位置を変えれば別の顔がのぞく複雑な事件である。

その後の仙台藩は、5代吉村が改革で藩勢を拡大したが、やがて財政が窮乏、政宗の栄華はいずこで、大坂商人が藩を丸抱えする体たらくに陥った。明治維新では親幕府の奥羽列藩同盟を率いたが、最後は朽木が倒れるように新政府にひざまずいた。

久保田《くぼた》（秋田《あきた》）藩〈秋田県〉

大名家＝佐竹家　石高＝20万5000石
大名種別＝外様　城・陣屋＝久保田城
所在地＝秋田県秋田市

君子豹変、部下に責任転嫁して居直った佐竹義明《よしはる》

佐竹義宣《よしのぶ》は茨城県を支配した54万石の大大名だった。この石高は当時、全国有数の規模である。関ケ原合戦で石田三成と内通し、徳川家康の出兵要請をはぐらかしたことで、1602年、家康から石高を半分以下にされ久保田（秋田）に飛ばされた。

大家臣団を解雇せずに連れていったため、財政はすぐに逼迫《ひっぱく》した。城を築くにも金がない。石垣はパスし、天守も設けられなかった。慣れない北国暮らしに加え、在地豪族の反乱も相次ぐ。源氏名門の誇りは砕かれ、義宣は辛酸を舐めた。

ここで義宣は挫けなかった。自分の取り分を減らして困窮する家臣に分け、新田開拓を奨励し、開墾で生まれた領地を家臣のものにした。さらに秋田杉の増産にも励むなど次々諸策を打ち出したが、大成功を収めたのが院内銀山の開発だった。東洋一の産出量が財政を潤す。左遷されたらどう生きるべきか。義宣はその見本である。

しかし禍福《かふく》は糾《あざな》える縄のごとし。院内銀山に依存した経済は鉱脈枯渇で悪化に転じ、

義宣の優遇策で発言力を増した家臣たちは一つにまとまらない。江戸中期には藩主の後継をめぐって騒然となった。そんな混乱のなかで藩主に就いたのが7代義明で、この人が藩札（藩内だけで通用する通貨）発行で「佐竹騒動」を引き起こす。

窮乏すると手を出したくなるのが藩札で、実は諸刃の剣。一つ間違えるとインフレを招く。義明の肝いりで始まった藩札発行もこの轍にはまり、経済は大混乱に陥った。藩札の存続の是非で対立が激化し、義明は廃止派の家老たちを謹慎に処した。殿の意見に従ってよかったと、推進派が喜んだのも束の間。藩の惨状を知った義明は、ころりと廃止に転じた。3人の家老を切腹にし、打ち首や追放など40人余を処罰した。「発行を続けるといったのは殿様では……」。そんな恨み節が聞こえてくる。

幕末、東北地方では親幕府の奥羽列藩同盟に参加する藩が多いなか、久保田藩は新政府軍に与した。仙台藩から使者が説得に訪れると、勤王派が使者を斬った。激怒した仙台、盛岡、庄内の各藩が攻撃をかけた。領土の3分の1が焦土と化し、多数の死者を出す。今でも庄内などへのわだかまりを口にする秋田県民は少なくない。

●久保田《くぼた》新田《しんでん》（岩崎《いわさき》）藩　佐竹家　2万石　外様　岩崎陣屋　秋田県湯沢市

久保田藩3代義処《よしずみ》が弟義長《よしなが》に2万石を分与し藩を立てさせた。宗家に5代義峯《よしみね》、7代義明《よしはる》を送り出した。特定の領地もなく、宗家から蔵米を支給される藩内支藩だったが、明治になって椿台に陣屋を設け、さらに岩崎に陣屋を移して廃藩置県を迎えた。

〈秋田県にあった藩〉

亀田《かめだ》藩　岩城家　2万石　外様　亀田陣屋　秋田県由利本荘市

久保田藩祖義宣の甥岩城吉隆が入封。吉隆が義隆と改名して久保田藩2代に就くなど関係が強かったが、両藩に紛争が多発。仙台藩から5代隆韶《たかつぐ》を迎えて疎遠になった。戊辰戦争では久保田藩との盟約を破り奥羽列藩同盟に転じ、久保田藩と戦って敗れた。

本荘《ほんじょう》藩　六郷家　2万石　外様　本荘城　秋田県由利本荘市

六郷家は鎌倉時代から横手盆地の六郷を領してきたが、最上家の改易にともない、常陸府中（石岡市）に転封。1623年、政乗《まさのり》が故地近くの本荘に移り藩を立てた。

矢島《やしま》藩　生駒家　1万5000石　外様　矢島陣屋　秋田県由利本荘市

四国の高松で17万石を誇っていた生駒高俊が、乱行によって改易（生駒騒動）され、1640年、わずか1万石で矢島に封じられた。1659年、高俊の子高清《たかきよ》が弟に2000石を分与したため、1万石割れで大名待遇を失うが、明治維新で1万5000石をもらい、200年ぶりに大名の座に返り咲いた。

新《しん》庄《じょう》藩〈山形県〉

大名家＝戸沢家　石高＝6万8000石
大名種別＝外様　城・陣屋＝新庄城
所在地＝山形県新庄市

家名存続のために地味な弱小外様が取った戦略

戸沢家は、戦国時代から秋田県角館に拠点を置いた地方豪族だ。豊臣秀吉が没すると、次は徳川家康の世だと踏んだ戸沢政盛は、家康の重臣鳥居忠政に狙いを付けた。売込みをかけて忠政の娘を嫁にもらい、鳥居家の親族になった。地方の弱小外様など、荒波にもまれる小舟に過ぎない。戦国時代を生きた政盛はそれをよく知っていた。

家康も鳥居家の家臣的な存在として、準譜代の扱いをするようになった。忠政が1602年に磐城平に封じられると、支えるために政盛も角館から松岡に4万石で移転。忠政が1622年に山形に移されると、政盛も石高アップで新庄に配された。

しかし、鳥居家の縁戚という立場ではまだ弱い。政盛は忠政に願い出て、実子がいるにも関わらず、忠政の次男を養子にもらって後継者に据えた。養子が早逝して実現しなかったが、血統よりも戸沢の家名存続を優先した。家名を残したいという政盛の願いがかなったのか、戸沢家は荒波を乗り切って明治まで生き残れたのである。

庄内《しょうない》（鶴岡《つるおか》）藩〈山形県〉

大名家＝酒井家　石高＝16万7000石
大名種別＝譜代　城・陣屋＝鶴岡城
所在地＝山形県鶴岡市

譜代名門の酒井家に起きたお家乗っ取り事件

東北の外様ににらみを利かせるため、1622年、酒井忠勝が鶴岡に乗り込んできた。忠勝の祖父忠次は徳川四天王の一人で、徳川家康の家老も務めた。そもそも酒井家は徳川家と祖先を同じくするという名家。幕府が鶴岡を重く見ていた証しである。

忠勝には忠重《ただしげ》という不肖の弟がいた。兄と一緒に山形にきて、寒河江《さがえ》で8000石の旗本に収まったが、ここで暴君の本領を発揮する。過酷な重税を課して、10年間で1000人を超える餓死者を出したのだ。幕府は改易し、忠勝にその身を預けた。

鶴岡で謹慎するかと思いきや、忠重は自分の子を庄内藩の2代目に据えるため、兄の家の乗っ取りに動き出す。忠勝の重臣高力《こうりき》喜兵衛が幕府に陰謀を報告するが、忠重は兄をだまし、喜兵衛の悪事をでっち上げた。喜兵衛は一族もろとも藩を追われた。

計画が整わないうちに忠勝が没したため、忠重の野望は断たれた。それで終わらないのがこの人だ。生前、兄から遺産分与を約束されていたと虚偽を幕府に申告。叔父にうんざりしていた2代藩主の忠当《ただまさ》は、これ幸いと2万両を手切れ金に縁を切った。忠重の最期は憐れだ。夜盗に襲われて死亡した。因果応報というべきだろう。

他藩同様、庄内も江戸中期から財政悪化に悩まされる。7代忠徳《ただのり》は江戸から鶴岡に帰る際、福島までの旅費しか調達できず涙を流した。財政を再建するため、忠徳は酒田の豪商本間光丘《みつおか》を登用する。光丘によって劇的に経済は好転したが、武士が商人の風下に立つのはいやだと、足を引っ張る家臣が続出。光丘は放逐されたのである。

幕末、庄内藩は江戸の警護に当たった。1867年、西郷隆盛が幕府を挑発するため、浪人たちに火付けや強盗を命じた。庄内藩の詰め所が襲撃されたことで、庄内藩兵は三田の薩摩藩邸を焼き討ちする。これが鳥羽伏見の戦いの引き金になった。

戊辰戦争では、会津藩とともに、徳川家の藩屏として東北各地で戦った。薩摩兵とも戦火を交え、清川の戦いでは撃退した。新政府軍の領内への侵攻を許さず、敵ながらあっぱれと感心したのが西郷だった。戦後、特別の計らいで、藩の取り潰しをしなかった。この恩情に感謝して、西郷に寄せる崇敬の念は市民の間で薄れていない。

●出羽松山《まつやま》（松嶺《まつみね》）藩　酒井家　2万5000石　譜代　松山城　山形県酒田市

庄内藩2代の忠当が、弟忠恒に領地を分与し支藩を立てさせた。当初は陣屋だったが、3代藩主忠休《ただよし》が長年にわたって幕府の若年寄を務め、その功で城主格の待遇を得て松山城を築いた。江戸後期には財政が破綻、以後、庄内藩の管理下に置かれた。

山形藩《やまがた》〈山形県〉

大名家＝水野家　石高＝5万石
大名種別＝譜代　城・陣屋＝山形城
所在地＝山形県山形市

家内騒動で失われた最上義光《もがみよしあき》57万石の栄光

1600年、最上義光は山形で上杉勢を苦戦に追い込み、関ケ原で戦う徳川家康を支援した。この戦功が評価され、家康から57万石をもらって山形藩が成立する。

義光が大封に浮かれていられる時間は短かった。家臣から嫡男義康の裏切りを吹き込まれ、それを信じて1603年に我が子を手にかけたのだ。背後には、義康の就封を望まない勢力の暗躍があった。義康の背信が根拠のないものだとわかると、義光は讒言した家臣たちの耳や鼻を削ぎ、その一族までも処刑した。

義光が1614年に没すると家親《いえちか》が継いだ。しかし義光の死でタガが外れ、家親の異母兄を藩主に担ぐ勢力が台頭。家親派と反家親派の緊張が高まるなか、1617年に家親が急死した。義光三男の義忠が毒殺したとの情報が流れ、藩内は騒然とする。

3代目には家親の嫡男義俊《よしとし》が12歳で就く。若年とあって内紛を収束できるわけもない。新藩主を擁護する派閥と異議を唱える義忠派に分かれ、抗争は激しさを増す一方だった。ついに幕府が介入する大騒動に発展した。

老中の酒井忠世《ただよ》は両派を江戸に呼んで仲裁に当たった。義忠派が義俊には従えないと決裂を宣言。１６２２年、義俊は57万石を没収されて改易になった。

暗い歴史の幕開けは義光による義康殺害だった。義康は呪詛《じゅそ》を吐いて絶命。一連の「最上騒動」が終結して最上家が去ったとき、義康の祟りだと領民は噂したという。

外様だった最上家の後には、譜代の鳥居忠政が送られてきた。忠政は22万石で山形を治めるが、忠政を継いだ子の忠恒が改易の憂き目に遭う。忠恒には継嗣がなく、不仲な異母弟忠春の襲封を阻止するため、死の間際、新庄藩戸沢家に養子に入っていた同母弟の定盛を呼び戻したいと幕府に願い出た。これが相続違反とされたのだ。

以後、将軍家光の異母弟保科正之《ほしなまさゆき》ほか親藩や譜代が入部してくるが、９万石で入った家康の玄孫《やしゃご》、奥平昌能《まさよし》から風向きが変わった。昌能は家臣間で起きた刃傷沙汰を裁けず、左遷されて宇都宮からきた。次の堀田正仲《まさなか》、松平（奥平）忠弘も左遷で、山形は問題を起こした譜代の不名誉な受け入れ先になってしまった。さらに大名家が替わるたびに石高が減少した。１８４５年に入った水野忠清《ただきよ》に至っては、わずか５万石。忠清の父は「寛政の改革」を進めた忠邦で、父の失脚に連座して飛ばされてきた。

最上家以降、都合12家が入転封を繰り返した。そんな大名家に山形市民は親しみをもたない。心にあるのは57万石を勝ち取った、故郷の英雄最上義光なのだ。

米沢藩《よねざわ》〈山形県〉

大名家＝上杉家　石高＝18万石
大名種別＝外様　城・陣屋＝米沢城
所在地＝山形県米沢市

困窮のあまり藩返上も考えた上杉謙信の末裔

会津120万石を誇った上杉景勝《かげかつ》は、関ケ原合戦の結果、徳川家康から石高を30万石に落とされた。上杉謙信の後継としては屈辱である。収入が4分の1になったうえ、6000人の家臣をリストラしなかったため、米沢に入った日から窮乏にあえぐ。下級藩士は農業に従事した。米沢ではウコギの垣根を見かけるが、景勝の宰相直江兼続《なおえかねつぐ》が窮乏対策に奨励したもので、新芽を食料に、葉は茶の代用品にした。

関ケ原の4年後、兼続は密かに火縄銃の製造に着手し、1000挺を完成させた。事あれば、再び家康と一戦交える覚悟。謙信直参だった武将の反骨である。

危機は別の形で訪れた。世継ぎのない3代綱勝が、養子も決めずに早逝したのである。幕府の定めでは絶家に相当する。これを救ったのが3代将軍家光の弟で、会津藩主の保科正之《ほしなまさゆき》だった。正之は綱勝に娘媛姫《はるひめ》を嫁がせていた。

正之の奔走で、綱勝の妹と吉良義央《きらよしひさ》の間にできた綱憲《つなのり》を迎えることで改易は免れた。

だが、養子の届け出がなかったのは事実で、幕府はペナルティとして石高の半減を申し付けた。米沢藩は15万石（幕末に3万石加増）になってしまったのである。

はたしてこの縁組がよかったかどうか。派手好きの義央は、藩主の実父の立場から藩に毎年6000石を要求した。さらに借財の返済も肩代わりさせる。1701年、義央は赤穂浪士に討たれた。「元禄赤穂事件」である。世間から武門の名折れと非難されながらも、藩は一切報復に出なかった。義央にどんな思いでいたかがうかがえる。

石高が減ったことで、財政は奈落の底に向かって駆け落ちていく。5代吉憲《よしのり》は家臣から借金して参勤交代をする始末。8代重定《しげさだ》は進退窮まり、米沢藩の返上を決意した。尾張藩主徳川宗勝に諫められて改革に乗り出すが、重定自身が謡曲や能にうつつを抜かす浪費の人。家臣に詰め寄られ藩主の座を降りた。実態は押し込めである。

そんな沈みゆく泥船に、九州高鍋藩から養子に入ったのが9代治憲《はるのり》（鷹山《ようざん》）である。鷹山は改革に着手するにあたり、自らを律した。食事は一汁一菜とし、質素な木綿の服を着た。農業振興策や産業開発はやがて実を結び、財政は劇的に好転していく。鷹山は江戸期随一の名君と称えられ、米ケネディ大統領も尊敬する人物に挙げた。

●米沢新田藩《よねざわしんでん》　上杉家　1万石　外様　米沢城二の丸　山形県米沢市

米沢藩5代の吉憲が1719年に弟勝周《かつちか》に1万石を分与した。米沢城の二の丸が居所で、宗家の継嗣がなくなった場合に備えた、領地なしの完全な藩内支藩である。

〈山形県にあった藩〉

長瀞《ながとろ》藩

米津家　1万1000石　譜代　長瀞陣屋　山形県東根市

米津《よねきつ》家は古くからの徳川家譜代だが、出世が遅れた。1684年になって埼玉県久喜でようやく大名になれ、1798年に久喜から長瀞に移された。江戸に常駐する定府大名だったため、地元との結びつきは薄い。明治になって千葉県大網に移転した。

天童《てんどう》藩

織田家　2万石　外様　天童陣屋　山形県天童市

織田信長の次男信雄《のぶかつ》の系譜。群馬県甘楽《かんら》町で家名を保っていたが、尊王論者を支援したと疑われ、信長の子孫ということで許されていた10万石待遇を取り消され、1767年に北国にきた。天童特産の将棋の駒は、下級武士の内職から発展したもの。

上山《かみのやま》藩

松平（藤井）家　3万石　譜代　上山城　山形県上山市

山形を領した最上家が1622年に改易になると、要衝の上山に松平（能見《のみ》）家が入り、その後、蒲生《がもう》、土岐《とき》、金森家が入転封を重ねた。1697年に徳川家康の松平家の流れを汲む譜代名門の松平（藤井）家が配され、明治まで同家が支配した。

会津藩《あいづ》〈福島県〉

大名家＝松平（会津）家　石高＝28万石
大名種別＝親藩　城・陣屋＝会津若松城
所在地＝福島県会津若松市

名君保科正之《ほしなまさゆき》の遺訓が招いた明治維新の悲劇

関ケ原合戦後、東北支配の要である会津から上杉景勝《かげかつ》を追放した徳川家康は、愛娘の振姫《ふりひめ》を嫁がせていた蒲生《がもう》秀行を再封した。3年前まで父氏郷《うじさと》の遺領を受け継いで治めていたが、家臣間の不和を統制できず、豊臣政権によって石高を大幅に減らされ宇都宮に飛ばされていた。会津復帰は振姫の家康への嘆願が大きかった。

父は天下人の候補だった英傑で、母は織田信長の娘冬姫。しかしプリンス秀行は心も体もひ弱だった。会津慶長《けいちょう》地震（1611年）で父が築いた天守が傾き、城下で死者3700人が出ると、心労が重なり30歳で死去してしまった。

継嗣《けいし》は10歳の忠郷《ただきと》で母振姫が後見する。気性が激しい振姫は家老の岡重政《しげまさ》と対立し、重政を切腹に追いやった。振姫はある寺で重政の死を祈念していたが、願がかなったと寺に多額の寄進をしたという。そんな振姫も再婚を命じられて会津を離れた。

残された忠郷だが、これが25歳で死去した。重政の祟りとの噂が流れたが、忠郷に世継ぎはなく、通常ならお家断絶である。幕府は特例と称し、えこひいきで同じく家康の孫に当たる忠郷の弟忠知《ただとも》に蒲生家を継がせ、四国の松山に移封した。

忠知と入れ代わりに、松山から40万石で封じられたのが加藤嘉明《よしあき》だ。勇猛で知られた武将だったが、入部4年後に没し、後継に子の明成が就いた。明成は城を今の姿に建て直し、現在の市街に通じる城下町を整備したが、会津の人は彼について語りたがらない。というのも藩を放り出した、無責任極まりない殿様だったからである。

堀主水《もんど》は嘉明に仕え、嘉明の命を戦場で救った忠臣だった。先代の番頭が口うるさいのは世の常だが、短気な明成は忠言が許せずクビにした。主水は腹いせに、城に鉄砲を打ち込んで出奔。これで明成のストッパーが外れた。逃げる主水を執拗に追い、主水が幕府に明成の不法行為を暴露するに及んで、会津40万石と替えるから身柄をよこせと要求し、捕らえた主水を惨殺した。幕府は明成の悪政を知り、藩返上の履行を迫った。かくして明成は私怨のために、40万石を棒に振ったのである。

1643年、幕府は保科正之《まさゆき》に立て直しを託した。正之は2代将軍秀忠の隠し子で、正妻お江の目をはばかり、幼少期に保科家の養子に出された。3代将軍家光がこの義弟を登用したが、松平を名乗れるのに、保科で通す正之の律義さを家光は買った。

以後、正之の系譜が会津を統治するが、松平を名乗るのは3代正容《まさかた》になってからだ。

各種改革が正之によって断行され、ぐだぐだだった会津藩に背骨が通る。さらに領民のために飢饉に備えた備蓄米の倉庫を設け、高齢の農民には年金も支給した。

正之は後に4代将軍家綱の補佐を務め、江戸の町を焼き尽くした明暦の大火では、反対を押し切って幕府の米を被災民に配った。民衆の救済が先決だと、焼失した江戸城の天守再建も阻止している。江戸期を代表する仁政の政治家といっていい。

だが賢君にも醜聞はあった。正之の正室お万は、自分の娘媛姫《はるひめ》の嫁ぎ先が米沢藩だったのに対し、側室の娘松姫は格上の金沢藩だと知って逆上した。松姫の毒殺を画策するが、毒が盛られた料理を口にして死んだのは媛姫のほうだった。正之は世継ぎの生母とあってお万の罪を不問にし、関係者18人だけ処罰したのである。

正之は晩年、子孫や家臣に「家訓《かきん》十五箇条」を残した。その第一条は徳川将軍家への絶対忠誠を誓うもので、これが会津藩を幕末の悲劇に導く。

9代容保《かたもり》は、尊王攘夷派が暗躍する京都の治安を守れと、幕府から京都守護職を命じられた。容保は固辞したが、正之の家訓をもち出されれば断れない。まして容保は養子だ。徳川の藩屏として新撰組や京都見廻組を率い、尊王攘夷派を取りしまった。

これが薩長から恨まれ、戊辰戦争での容赦ない攻撃につながる。会津若松城での籠城1か月、死者数千人を出して降伏した。薩長はなぜ殲滅《せんめつ》を図ったのか。正之の家訓によって培われた、会津武士のひた向きさが怖かったからだろう。明治2年、藩はわずかな石高で斗南（青森県むつ市）に移された。実質的な流刑といえる。

二本松藩《にほんまつ》〈福島県〉

大名家＝丹羽家　石高＝10万石
大名種別＝外様　城・陣屋＝二本松城
所在地＝福島県二本松市

関ケ原での反旗を許され徳川家への忠誠を誓う

１６４３年、丹羽光重《にわみつしげ》が二本松に封じられ、明治まで丹羽家11代が治めた。丹羽家の祖長秀は豊臣時代、１２３万石を有する大大名だった。だが子の長重が関ケ原合戦で西軍に与し、丹羽家は徳川家康に改易された。どん底に落ちた名家を救ったのも家康だった。１６０３年、長重を茨城県の古渡《ふっと》で１万石の大名に取り立てた。以降、転封するたびに石高が増え、白河10万石を経て子の光重が二本松に入った。

地獄を見た丹羽家にとって、徳川への報恩はＤＮＡと化した。外様なのに城下に将軍秀忠・家光の廟を設け、江戸城の修復ほか普請事業を命じられると、藩を挙げて取り組んだ。決して豊かな藩ではない。徳川への忠誠心は痛々しいほどだった。

戊辰戦争では当然、旧幕側についた。新政府軍が城に迫ったとき、正規兵は出払い、12歳から17歳の少年兵しか残っていなかった。少年たちは果敢に戦ったが、多くが城を枕に散った。会津白虎隊ほど知名度はないが、二本松少年隊の悲劇である。

中村《なかむら》（相馬《そうま》）藩〈福島県〉

大名家＝相馬家　石高＝6万石
大名種別＝外様　城・陣屋＝相馬中村城
所在地＝福島県相馬市

領民を救うために家宝を売り払った相馬益胤《ますたね》

平将門の子孫を称する相馬氏は、鎌倉時代から福島県東北の相馬を支配してきた。関ケ原合戦で旗色を鮮明にしなかったため、徳川家康から領地没収を命じられた。お家の一大事である。伊達政宗に仲介を頼み必死に嘆願して改易を免れた。政宗にしても、自分の領地の南隣に譜代大名なんぞ入れられたら、たまったもんじゃない。戦国時代には戦った相馬家の肩をもったのは、そんな理由からだった。

この藩にも名君がいた。北国・中村は飢饉の被害をたびたび受けた。江戸中期には9万人いた人口が、天明の飢饉後には3万6000人に減り、石高も2割に落ちた。並みの改革では効果はないと、11代益胤は藩の運営費を6分の1に切り詰めた。その一方、人口を増やすために赤子養育費を大増額し、開墾地の税を免除して米の増産にも努めた。さらに蔵に眠る家伝の宝物を売り払って農民支援にあてた。益胤の身銭を切った改革は成功。天保の飢饉では一人の餓死者も出さなかったのである。

白河《しらかわ》藩〈福島県〉

大名家＝阿部家　石高＝10万石
大名種別＝譜代　城・陣屋＝白河小峰城
所在地＝福島県白河市

老中になって「寛政の改革」を進めた松平定信

東北の玄関にあたる白河は要衝の地とあって、外様の丹羽家の後、幕府は格の高い譜代を配した。この手の譜代は中央を向きがちで、領民には迷惑な殿様が少なくない。

１６４９年にきた本多忠義はその典型だ。強欲で家臣からも嫌われていたこの殿は、年貢を余計に納めさせるため、米を計る枡を大きくした。年貢率も勝手に上げ、領民をひたすら貪った。重税に耐えかね土地を捨てて農民が逃げ出し、村の荒廃が進んだ。その子忠平も悪辣《あくらつ》で、宇都宮に転封する際、青田まで刈り取って去った。

次の松平（奥平）忠弘は、徳川家康の外孫の子という毛並みのよさだが、家臣間の抗争にうろたえるばかり。そもそも騒動の元凶は忠弘だった。長男清照の母の身分が低いからと後継から外し、他家から忠尚を養子に迎えた。藩内は清照派と忠尚派に分かれて収拾がつかなくなる。忠弘は幕府から閉門を命じられた。

屋敷から出られない閉門は蟄居《ちっきょ》より重い罰だ。ところが１月もしないうちに閉門は解かれ、5万石減の10万石で山形に移された。徳川の血筋でなければありえない処置で、遠島を食らうなど家臣ばかりが詰め腹を切らされた。

忠弘の後にきた松平（越前）直矩《なおのり》は名門中の名門で、家康の次男結城秀康の孫である。直矩は「引っ越し大名」といわれた人で、入転封を繰り返してきた。引っ越しは自腹だから財政は苦しい。そのため苛烈な年貢取り立てをし領民は疲弊した。

領民に初めてきちんと向き合ったのは、松平（久光）家3代藩主となった定信である。定信は8代将軍吉宗の孫で、松平（久光）家に養子に入った。着任すると倹約令を出して藩政改革に努め、天明の大飢饉では1人も餓死者を出さなかった。

この善政が評価され、定信は老中に抜擢された。そして老中首座として「寛政の改革」を推進した。定信については、田沼意次の商業を重視した開放型の経済政策を潰した守旧派との声もあるが、白河では今でも最高のお殿様である。

定信は定永《さだなが》に家督を譲った後、幕府に桑名への国替えを願い出た。桑名は江戸初期に松平（久光）家が代々治めた故地である。定信が北国を嫌ったという説もあるが、この領地変更で阿部家が白河に入った。突然の転封は迷惑だっただろう。

阿部家が最後の家となり6代40年ほど治めたが、幕閣に連なる家だけに藩主は江戸にいて、阿部家の印象は地元では薄い。7代目正外《まさとう》が老中として進めた開国政策でミソを付けて棚倉に左遷。白河は幕府直轄地となって明治を迎えた。

棚倉藩《たなぐら》〈福島県〉

大名家＝阿部家　石高＝10万石
大名種別＝譜代　城・陣屋＝棚倉城
所在地＝福島県棚倉町

江戸中期からは問題を起こした譜代の左遷先に

お城の堀に住む大亀が水面に浮かんだから、そろそろ今の殿様も移動の時期――。棚倉藩に伝わるジョークで、藩主に対する領民の冷めた見方がうかがえる。

実際、9家が入転封を繰り広げたが、関ケ原合戦で西軍に加担して取り潰しになり、ここで大名に復活した立花宗茂《むねしげ》、棚倉城を築いた丹羽長重、関西からきた内藤信照《のぶてる》、譜代名門の太田資晴《すけはる》まではいいとして、1728年の松平（越智）武元《たけちか》からは懲罰的措置で送られてきた家ばかりになる。領民の冷ややかな視線を生んだ背景だった。

松平武元は先代の武雅《たけまさ》が東照宮の社参で問題を起こした。小笠原長恭《ながゆき》は掛川藩主時代に大盗賊・日本左衛門の捕縛に手を抜き、井上正甫《まさもと》は泥酔し農家の女房に暴行して浜松藩を追われた。松平（松井）康爵《やすたか》は父康任《やすとう》の密貿易の咎《とが》で左遷されてきた。

わずか2年の統治となった最後の殿様阿部正静《まさきよ》も、父正外《まさとう》の政争敗北による。しかし棚倉で頑張れば栄転もあった。松平武元は後に出世し、32年間も老中を務めた。

磐城平《いわきたいら》（磐城《いわき》）藩〈福島県〉

大名家＝安藤家　石高＝4万石
大名種別＝譜代　城・陣屋＝磐城平城
所在地＝福島県いわき市

家老の謀略に翻弄され続けた名門譜代の内藤家

徳川家康は中世からこの地を支配してきた岩城氏を転封させ、1602年、福島浜通りの要衝を鳥居忠政に託した。忠政が山形藩に去ると、代わって内藤家が入った。

内藤家3代の義概《よしむね》は藩政に関心がなく、家老の松賀族之助にすべてを任せた。族之助はワルで、自分が孕ませた妾を義概にあてがい、生まれた子を義概の世継ぎに仕立てて主家を乗っ取ろうとした。さらに障害になる義概の嫡男義英《よしひで》を除くため、義英に陰謀ありと義概に吹き込み廃嫡に追い込む。1679年、浅香十郎左衛門が悪行を重ねる族之助を討とうと試み、逆に捕らえられて獄中で切腹した。

義概に押し付けた子が早逝して族之助の野望は潰えたが、もはや藩主でさえ族之助に逆らえず、年貢の横流しで私腹を肥やした。1680年、小姓たちが小姓頭の山井八郎右衛門を殺害する「小姓騒動」が起きた。山井は族之助と関係が深く、彼らの行動は族之助の専横に対する抵抗だった。それでも族之助の権勢は揺るがなかった。

松賀家は内藤家の血を吸うダニと化した。族之助に続き子の伊織《いおり》、伊織の子稠次《しげつぐ》も家老に就き、3代にわたって藩政をほしいままにした。

内藤家では藩主の早逝が続き、6代目になったのが正樹《まさき》だった。正樹はかつて族之助が隠居に追い込んだ義英の子である。1719年、義英派の報復を恐れた伊織は毒饅頭を正樹に食べさせて殺害しようとした。ところが毒に気付かれて謀略が発覚。伊織、稠次は捕らえられ、ようやく松賀家の支配にピリオドが打たれた。

テレビの時代劇さながらの展開だが、内藤家の不運は尽きなかった。松賀家3代の悪政に加え、幕府から命じられた鬼怒川や渡良瀬川の修復工事で財政が逼迫《ひっぱく》し、領民に重税を課したことで、2万の農民が参加する大一揆を招いてしまった。1747年、この責任を追及され、内藤家は九州延岡に飛ばされたのだ。

その後、井上正経《まさつね》を経て安藤家が入り、明治まで7代115年にわたって在封した。

安藤家は老中など幕閣中枢を輩出する譜代の名門だ。5代信正も老中に就き、大老井伊直弼《なおすけ》が桜田門外で水戸浪士によって殺されると、幕政を担って皇女和宮の降嫁による公武合体政策を推し進めた。そんな信正も1862年、水戸の尊王攘夷派に坂下門外で襲撃されて負傷する。老中を罷免され藩の石高も2万石減らされた。

戊辰戦争では信正は幕臣の意地を貫き、磐城平城に籠って新政府軍と戦った。だが、敗れて謹慎の身となる。戦いで城は炎上し、この敗戦が磐城平藩の終焉となった。

福島《ふくしま》藩〈福島県〉

大名家＝板倉家　石高＝3万石
大名種別＝譜代　城・陣屋＝福島城
所在地＝福島県福島市

「城主」待遇復帰で喜び勇んで入封した板倉家

1702年、譜代の板倉重寛《しげひろ》が長野県の坂城《さかき》から移り、明治まで板倉家が治めた。重寛の板倉家は名家で、祖父重矩《しげのり》、父重種《しげたね》が老中を務めたが、重種が6代将軍の座をめぐる政争に敗れ、岩槻から坂城に左遷された。さらに城をもてる身分の「城主」から「無城」に降格され、坂城では屈辱の陣屋暮らしを余儀なくされたのだ。

城主と無城では開きがある。無城は大名としては半人前扱いで、江戸城に登城した際に詰める場所もちがう。福島転封は城主への復帰だった。張り切って入国した重寛は築城に着手し、3代40年かけて城と城下町を完成させていった。

しかし福島は厳しい土地だった。思ったほど米は採れず、飢饉にも弱かった。板倉家の失政も重なり、1745年には藩内中の領民が決起する「福島三万石一揆」を起こしてしまう。財政の立て直しもできないまま幕末の混乱を迎え、1866年の大規模な世直し一揆が勃発する以前に、すでに藩の命運も尽きていたといえるだろう。

三春《みはる》藩〈福島県〉

大名家＝秋田家　石高＝5万石
大名種別＝外様　城・陣屋＝三春城
所在地＝福島県三春町

「三春狐」と揶揄された戊辰戦争での裏切り

松下長綱が乱心して領地没収となった三春に、1645年、秋田俊季《としすえ》が宍戸（茨城県笠間市）から入り、秋田家が11代220年余にわたって支配した。秋田家は戦国時代から秋田に君臨してきたが、佐竹義宣《よしのぶ》の秋田転封により宍戸に移された。

三春に関しては、今でも「三春狐」「東北の裏切者」と批判する声が東北の一部にある。明治元年の戊辰戦争における浅川（福島県浅川町）での戦闘で、三春藩兵が新政府軍に寝返って、会津、二本松、仙台兵を攻撃したとされ、これを糾弾するのだ。

旧幕側である奥羽列藩同盟の敗北を決定付けた戦いだったが、三春は3藩と最後まで行動をともにしていて、裏切りはなかったというのが最近の見方だ。

また戦いの後、降伏して新政府軍に転じたことも批判されている。すでに2か月前に弘前、本荘、新庄、天童ほかが列藩同盟を離脱していた。三春だけを白眼視して、戊辰戦争の戦犯扱いし続けるのはいかがだろうか。ましてや150年も前の話である。

〈福島県にあった藩〉

泉《いずみ》藩

本多家　2万石　譜代　泉陣屋　福島県いわき市

磐城平藩に入った内藤家が、1622年に自藩の継嗣安定のために立てた支藩だったが、1702年、当藩の藩主内藤政森《まさもり》が群馬県安中に転封を命じられ、支藩としての性格を失った。板倉家を経て本多家が入部し、明治の廃藩置県まで治めた。

湯長谷《ゆながや》藩

内藤家　1万5000石　譜代　湯長谷陣屋　福島県いわき市

泉藩同様、磐城平藩の内藤家が1670年に支藩として設けた。宗家は1747年に宮崎県延岡に去ったが、湯長屋はそのまま存続が許され、内藤家が明治まで治めた。当初はいわき市の湯本に陣屋を置いていたが、1676年に湯長屋に移した。

守山《もりやま》藩

松平（水戸）家　2万石　親藩　守山陣屋　福島県郡山市

1661年、水戸藩主の徳川頼房《よりふさ》が4男頼元《よりもと》に2万石を分与し、水戸藩の支藩を茨城県那珂市に立てさせた。頼元の子頼貞が1700年に守山に領地を移して守山藩が成立した。明治3年に陣屋を茨城県大洗町松川に移転させ、守山藩は消滅となった。

茨城県・栃木県・群馬県・埼玉県・千葉県・神奈川県

関東編

水戸藩	35万石
松岡(手綱)藩	2万5000石
宍戸藩	1万石
常陸府中(石岡)藩	2万石
笠間藩	8万石
土浦藩	9万5000石
古河藩	8万石
結城藩	1万8000石
下館藩	2万石
下妻藩	1万石
志筑藩	1万石
谷田部藩	1万6000石
牛久藩	1万石
麻生藩	1万石
宇都宮藩	7万8000石
高徳藩	1万石
喜連川藩	5000石
大田原藩	1万2000石
黒羽藩	1万8000石
烏山藩	3万石
足利藩	1万1000石
佐野藩	1万6000石
吹上藩	1万石
壬生藩	3万石
沼田藩	3万5000石
高崎藩	8万2000石
前橋(厩橋)藩	17万石
館林藩	6万石
安中藩	3万石
七日市藩	1万石
伊勢崎藩	2万石
吉井(矢田)藩	1万石
小幡藩	2万石
忍藩	10万石
川越藩	8万石
岡部藩	2万石
岩槻藩	2万3000石
請西藩	1万石
佐倉藩	11万石
大多喜藩	2万石
館山藩	1万石
関宿藩	4万3000石
勝山藩	1万2000石
久留里藩	3万石
生実藩	1万石
小見川藩	1万石
高岡藩	1万石
多古藩	1万石
鶴牧藩	1万5000石
佐貫藩	1万6000石
飯野藩	2万石
一宮藩	1万3000石
小田原藩	11万3000石
六浦(金沢)藩	1万2000石
荻野山中藩	1万3000石

水《み》戸《と》藩〈茨城県〉

大名家＝水戸徳川家　石高＝35万石
大名種別＝御三家　城・陣屋＝水戸城
所在地＝茨城県水戸市

おびただしい血を流した幕末の凄惨な内ゲバ

1609年、徳川家康の11男頼房《よりふさ》が水戸を託され、御三家の一角水戸藩が誕生した。水戸家は他の御三家に比べて石高は少なく官位も下だが、藩主は常に江戸にいて将軍を補佐する役目を担った。殿様がいない以上、城を立派にする必要はない。水戸城は名古屋城や和歌山城に比べて質素で、天守は三層の貧弱なものだった。

頼房に指名され2代藩主に就いたのが、「黄門様」こと光圀《みつくに》である。光圀の母久子は正式な側室ではなかったので、懐妊すると堕胎するように頼房から命じられたが、家臣の三木之次《ゆきつぐ》が密かに産ませて育てた。そんな生い立ちが影響したのか、若い頃の光圀はかなりぐれていて、不良仲間とつるみ、辻斬りもしたとされる。

生類憐みの令を批判して5代将軍綱吉に犬の毛皮を贈るなど、光圀は反骨精神から庶民に人気があった。没後50年ほど経った頃には『水戸黄門仁徳録』が刊行され、それが発展して明治期の『水戸黄門漫遊記』につながる。格さん助さんを従えての旅は創作だが、庶民の味方というイメージはすでに江戸期にできあがっていた。

光圀は朱子学を重んじ、朝廷を中心にした歴史書『大日本史』の編纂を家臣に命じた。この書物を編む過程で朝廷を貴ぶ水戸学が形成され、幕末になって尊王攘夷思想を生み出す母体になった。倒幕の種を蒔いたのは黄門様ということになる。

水戸藩を語る際、外せないのが幕末の9代斉昭《なりあき》だ。死後に「烈公」と諡《おくりな》されたように、とにかく過激な殿様で、政治に口出ししてはならない御三家なのに、強硬に外国船の打ち払いを主張して、幕府から隠居を申し付けられた。

尊王攘夷は天皇を尊崇する水戸学と、この斉昭の外国排斥が結びついたものだ。水戸で生まれた尊攘思想は、斉昭の右腕藤田東湖《とうこ》が育て全国に伝播していった。

ペリーが来航すると斉昭は復権する。しかし懲りない斉昭は、将軍継嗣問題や日米修好通商条約の調印に口を挟み、大老の井伊直弼《なおすけ》とぶつかり、再び謹慎の身となった。1860年、水戸浪士が直弼を襲撃する「桜田門外の変」が起きた。安政の大獄による尊攘派への弾圧、通商条約で朝廷の許可を得なかったことに抗議するテロだが、斉昭に下された謹慎処分も理由の一つだった。

斉昭が亡くなると、藩内は尊攘派と守旧派の対立で収拾がつかなくなる。1864年、藩内抗争で敗れた尊攘派（天狗党）が筑波山で挙兵した。天狗党は多数を集め、その勢いで水戸に攻め込んだが、幕府討伐軍と水戸守旧派の連合軍に敗れ、斉昭の子で尊王論者の慶喜《よしのぶ》（後の15代将軍）を頼って京都に向かうことにした。しかし慶喜に天狗党を助ける気はなく、行き場のなくなった天狗党は敦賀で降伏、352人が斬首された。水戸に帰された人たちも、守旧派によってその家族まで殺された。

水戸藩は尊攘思想の発信地なのに、倒幕では存在感を発揮できなかった。水戸天狗党の乱で有力な人材がいなくなったためである。

●松岡《まつおか》（手綱《たづな》）藩　中山家　2万5000石　譜代　松岡陣屋　茨城県高萩市

幕府が水戸徳川家に派遣したお目付け役である付家老《つけがろう》の中山家は、水戸藩から封地をもらい領内に居所を置いてきた。1868年に中山信徴《のぶあき》が大名に取り立てられ、松岡（後に手綱）に陣屋を構えて藩を立てた。御三家付家老家による維新立藩の一つだ。

●宍戸《しし ど》藩　松平（水戸）家　1万石　親藩　宍戸陣屋　茨城県笠間市

水戸藩主2代光圀の弟頼雄《よりお》が1682年に1万石を与えられ、水戸藩の支藩として宍戸に陣屋を置いた。水戸天狗党に同情的だったため、幕末に一度廃藩にされている。世継ぎが絶えることがしばしばで、宗家からその都度、藩主を迎えた。

●常陸府中《ひたちふちゅう》（石岡《いしおか》）藩　松平（水戸）家　2万石　親藩　府中陣屋　茨城県石岡市

1700年、水戸藩主光圀の弟頼隆《よりたか》が立藩した。ここも水戸の支藩で、藩政の実権は水戸藩から派遣される重臣が握った。また藩主は代々江戸に定住していたため、独立した藩の印象は領民には希薄だ。明治2年に石岡藩に名称を改めた。

笠間藩《かさま》〈茨城県〉

大名家＝牧野家　石高＝8万石
大名種別＝譜代　城・陣屋＝笠間城
所在地＝茨城県笠間市

仲裁役が切腹することで収めた「寅《とら》年の騒動」

江戸時代に入って譜代や外様が目まぐるしく入転封を重ね、江戸中期の1747年、9家目となる牧野貞通《さだみち》が延岡から移って、笠間もようやく落ち着いた。

貞通は京都所司代、次の貞長は老中を務め、公務に忙しく藩政を顧みなかった。所領は荒廃し、入封40年後には人口も4割減っていた。3代貞喜《さだはる》は状況を打開するため、改革の一環として窯業を奨励する。これが後に笠間焼として有名になった。

1841年、7歳の貞久が家督を相続すると、横暴な政治を重ねてきた家老川崎頼母《たのも》の権力が強まることを危惧し、儒学者の加藤桜老《おうろう》ら30余名が頼母排除に動き出した。藩政から頼母を追放するよう中立派の家老牧野光保《みつやす》に訴える。光保は頼母に引退を勧告するが拒否され、両派の対立は先鋭化する一方だった。

翌年、光保は切腹することで頼母を諫め、蟄居《ちっきょ》に追い込んで「寅年の騒動」を収束させた。自らの死をもって事態を丸く収める。笠間にも武士の鑑のような人がいた。

土浦藩《つちうら》〈茨城県〉

大名家＝土屋家　石高＝9万5000石
大名種別＝譜代　城・陣屋＝土浦城
所在地＝茨城県土浦市

若殿様が急死して名家に訪れた存亡の危機

譜代が入れ替わった後、1669年に土屋数直《かずなお》が入り、子の政直のときに一時他藩に転出したが、もどってきて土屋家の統治が明治まで続いた。数直に続いて政直も老中（30年間）を務め、後継藩主も幕府中枢を担う。まさに名門譜代家である。

土屋家の祖昌恒《まさつね》は甲斐武田家の滅亡の際、天目山で勝頼と最期をともにした。忠義に殉じた死を徳川家康が評価し、遺児忠直を取り立てた。数直は忠直の次男である。

そんな土屋家にも危機はあった。8代寛直《ひろなお》が16歳で急死したのだ。この年齢だから世継ぎはなく、養子も想定外で幕府に申請していなかった。改易必至の情勢に重臣たちは慌てた。藩内では土屋家の血を引く均之丞《きんのじょう》を後継者に推す一派と、水戸徳川家の彦直《よしなお》を養子に迎えようとする一派が互いに譲らず、収拾がつかない状況に陥った。

ついに土屋家は領地返上を幕府に願い出たが、幕府は彦直を推挙する裁定を出して、家名存続を許したのだ。家康時代からの土屋家累代の忠勤が子孫に美田を残した。

古《こ》河《が》藩〈茨城県〉

大名家＝土井家　石高＝8万石
大名種別＝譜代　城・陣屋＝古河城
所在地＝茨城県古河市

江戸城内で刺殺された最高権力者の堀田正俊《まさとし》

古河は川越、佐倉と並び、幕閣に取り立てられた高級譜代が座るスペシャルシートだ。1762年に土井家が入って定着するまで11家が入れ替わった。

なかには不測の事態で亡くなった殿様もいる。1684年、大老堀田正俊は若年寄の稲葉正休《まさやす》に江戸城内で刺殺された。正俊は3代将軍家光の乳母、春日局の養子となり、5代将軍綱吉の擁立に深く関わったことで、大老の地位に就いた。

正休は事前に切れ味を試し、一番切れる小刀を選び凶行に及んだ。正俊によって淀川の改修の担当から外されたことが原因とされる。正休はその場で斬り殺され、治めていた青野藩は没収。堀田家も喧嘩両成敗で子の正仲《まさなか》が山形藩に飛ばされた。

ちなみに、古河藩では、松平（藤井）忠之が1693年に乱心で除封になっている。

明治まで100年余を統治した土井家は、徳川家康の隠し子説も根強い大老の利勝を祖とする。利厚《としあつ》、利位《としつら》が老中になり、名家ぶりを発揮した。

結城《ゆうき》藩〈茨城県〉

大名家＝水野家　石高＝1万8000石
大名種別＝譜代　城・陣屋＝結城城
所在地＝茨城県結城市

路線対立から殿様と家臣たちが戦火を交える

1700年、長らく幕領にされていた結城に水野勝長《かつなが》が封じられた。勝長の水野家は、徳川家康の生母於大《おだい》の方の実家だ。広島県の福山で10万石を領していたが、5代勝岑《かつみね》が1698年に世継ぎのないまま没し、お家断絶となった。とはいえ家康ゆかりの家である。幕府は縁者の勝長に家名を継がせ結城を与えた。小藩ながら城があるのは水野宗家ゆえだ。沼津、山形などの水野家の本家にあたる。

以後、水野家が統治するが、幕末の10代勝知《かつとも》は親幕府の佐幕派だった。徳川家と関係が深い水野当主として自然の選択だったといえる。

勝知は1868年、新政府軍の東征を妨げるべく、彰義隊を連れて結城城に向かった。ところが藩内は恭順に傾き、新藩主の擁立を決め勝知の入城を拒否する。藩主と家臣が戦う事態に陥った。勝利した勝知が城を奪還。迫った新政府軍を迎え撃つが、破れて勝知は逃走した。やがて捕らえられ、永蟄居を新政府から命じられたのである。

〈茨城県にあった藩〉

下館《しもだて》藩　石川家　2万石　譜代　下館城　茨城県筑西市

関ケ原合戦で軍功を挙げた、地元豪族の水谷勝俊《かつとし》が領土を安堵された。その後、水谷家は岡山県成羽に移され、増山、井上、黒田を経て、1732年に石川総茂《ふさしげ》が入り、以後、石川家が明治まで統治した。なお、1702年に封じられた井上正岑《まさみね》は、下館の城地が狭く不便だとわがままをいい、わずか1か月で笠間に移動していった。

下妻《しもつま》藩　井上家　1万石　譜代　下妻陣屋　茨城県下妻市

1712年、井上正長が立藩し、明治まで井上家14代が治めた。正長は6代将軍家宣が将軍になる前から仕え、家宣の遺訓で下妻をもらい、大名に取り立てられた。

志筑《しつく》藩　本堂家　1万石　譜代　志筑陣屋　茨城県かすみがうら市

本堂家は鎌倉時代から秋田県仙北の本堂を支配してきた豪族で、1601年に志筑に移されて陣屋を設けた。石高は8500石だったが、明治元年に新政府軍の東征に協力したことで1万石に加増され、晴れて大名に列することができた。

谷田部《やたべ》藩

細川家　1万6000石　外様　谷田部陣屋　茨城県つくば市

京都宮津藩を領した細川藤孝《ふじたか》（幽斎《ゆうさい》）の次男興元《おきもと》が、徳川家康に引き立てられ、栃木県茂木で旗本になった。大坂の陣での働きが認められ、1万6000石に加増されて谷田部に陣屋を移す。以降、細川家が明治まで谷田部で家名を伝えた。宗家は熊本藩細川家で、小藩のために財政が苦しく、たびたび熊本藩から援助を受けた。

牛久《うしく》藩

山口家　1万石　譜代　牛久陣屋　茨城県牛久市

室町時代の守護大名大内氏の流れを汲む山口重政は、関ケ原合戦で活躍し、大名にのし上がった。重政は嫡男の嫁に大久保忠隣《ただちか》（小田原藩主）の養女を迎えたが、忠隣の改易にともない山口家も廃絶にされた。重政は大坂の陣に参加するなど徳川家への忠誠を示し、1629年にようやく許され、再度藩を立てることができた。

麻生《あそう》藩

新庄家　1万石　外様　麻生陣屋　茨城県行方市

豊臣秀吉に仕えた新庄直頼《なおより》は、関ケ原で西軍に与し、戦後、会津蒲生家に預けられた。1604年に処分を解かれ麻生に陣屋を設けた。1676年、4代直矩《なおのり》が早逝して改易になったが、分家に麻生を譲ることで、特例として家名存続が認められた。

宇《う》都《つのみや》宮藩〈栃木県〉

大名家＝戸田家　石高＝6万8000石
大名種別＝譜代　城・陣屋＝宇都宮城
所在地＝栃木県宇都宮市

本多正純《まさずみ》を追放した「宇都宮城釣天井《つりてんじょう》事件」

宇都宮は要衝の地とあって、譜代大名が頻繁に交代した。藩を揺るがす騒動も数多く、江戸時代の初期には「宇都宮城釣天井事件」が起きている。

1622年4月、2代将軍秀忠が日光東照宮での参拝を終えた後、宇都宮城での宿泊予定を急遽変更して江戸に帰った。姉の亀姫（徳川家康の長女）から届いた密書に、「本多正純に謀反あり」と書かれていたからだった。

本多正純は宇都宮の藩主だ。家康の参謀を務めた父正信に続き、剛腕を振るって幕政に君臨してきた。栄華から一転、奈落の底へ。この年の8月、正純は秋田県横手に配流された。改易理由は言いがかりに近いものばかりで、後に正純が宇都宮城の一室に釣天井を仕掛け、秀忠を圧殺する陰謀があったとの噂が広まった。

この追い落とし劇は、亀姫と秀忠側近土井利勝《としかつ》の合作だったという。亀姫は娘を嫁がせた大久保家が正信・正純父子の謀略で改易になり、正純が宇都宮に入ることで、溺愛する孫の奥平忠昌が古河に飛ばされた。正純への憎悪は激しかった。

一方、利勝にとって、正純は未だ故家康の意向を振りかざす頭上の重し。正純を疎ましく思う秀忠の容認のもと、謀略は完遂した。以後、利勝は秀忠政権のトップに就く。正純が追放された宇都宮には、亀姫の願いどおり奥平忠昌が復帰した。

１６６８年、その奥平家がピンチに陥る。忠昌が没して家督を継いだ昌能《まさよし》は、父に仕えた家臣にいった。「父が死んだのにお前はまだ生きているのか」――。家臣はしぶしぶ切腹した。殉死は3年前に禁止され、殉死者を出すことは法令違反にあたる。

さらに、忠昌の法要が行われた興禅寺で家来の奥平隼人《はやと》と奥平内蔵允《くらのすけ》が口論の末に斬り合いとなり、傷を負った内蔵允は切腹して果てた。殉死禁止令への抵触に加え、藩内の家臣不和を問われ、昌能は減俸のうえ山形に左遷されたのだ。

刃傷沙汰には後日談があった。江戸時代は喧嘩両成敗が原則。ところが隼人は死罪にならず、藩からの追放で済まされた。内蔵允の一族40人が抗議して脱藩、遺児源八とともに仇を討とうとした。江戸市ヶ谷の浄瑠璃坂《じょうるりざか》の屋敷に潜んでいた隼人を探し出し、ついに本懐をとげる。『浄瑠璃坂の仇討』として講談や歌舞伎が取り上げた。

宇都宮も江戸時代中期に戸田家が入り、以降、大名家の交代がなくなる。そんな戸田家も１８６５年、家臣の問題行動で棚倉への左遷を命じられた。お家の一大事だ。

隣りが尊王攘夷の総本山・水戸藩とあって、藩内には過激な尊攘派が多かった。その指導者は儒学者の大橋訥庵《とつあん》だ。訥庵は老中安藤信正が進める開国や公武合体策に反対で、江戸に向かう皇女和宮の行列を襲う計画を立てるがうまくいかず、安藤の暗殺を水戸藩尊攘派と画策した。1862年、坂下門外で安藤は水戸浪士に襲撃された。だが訥庵は密告で事件直前に捕縛され、宇都宮藩士は参加することはなかった。

藩はこの事態を重く見た。幕府や朝廷に忠節を示さないと取り潰しにつながりかねない。家老で一門の戸田忠至《ただよし》の上申により天皇陵の修復を立案。幕府から許可を得て、忠至が中心になって事業を始めた。

1864年、水戸藩の尊攘派が決起した天狗党の乱に、宇都宮藩士10人が参加した。翌年、幕府はこの件により戸田家に改易を申し付けたのである。

忠至は家老として幕臣に働きかけ、将軍家茂《いえもち》にも嘆願した。天皇陵修復事業が評価され、戸田家に下った転封命令は撤回されるに至った。

明治元年、宇都宮は大鳥圭介、土方歳三ら旧幕軍の猛攻にさらされた。市街戦の結果、城は炎上し町は焼き尽くされた。あまり知られていない戊辰戦争の悲劇である。

●高徳《たかとく》藩　戸田家　1万石　譜代　高徳陣屋　栃木県日光市

宇都宮藩戸田家を改易の危機から救った功に報いるため、1866年、宇都宮藩主忠友が家老戸田忠至に1万石を分与した。忠至は宗家につながる戸田家の親族だが、家老の立場で大名になった例は極めて稀といっていい。

喜《き》連《つれ》川《がわ》藩〈栃木県〉

大名家＝喜連川家　石高＝5000石
大名種別＝外様　城・陣屋＝喜連川陣屋
所在地＝栃木県さくら市

10万石格の待遇を与えられた足利将軍家の系譜

江戸時代、栃木県東部の喜連川に、室町将軍家に連なる一族が陣屋を構えていた。足利尊氏は子基氏《もとうじ》を関東支配のために鎌倉に送り、鎌倉公方《くぼう》が成立した。やがて鎌倉公方は室町幕府と対立し、古河に移って古河公方となった。この流れを汲むのが喜連川家で、石高5000石の旗本ながら、幕府から10万石格の厚遇を得た。

1647年、藩内に内紛が起きる。3代藩主尊信《たかのぶ》に仕えていた家老の一色刑部《ぎょうぶ》が、権力を強めるために尊信を乱心と偽って幽閉。尊信の忠臣高野修理《しゅり》らは劣勢で、幕府に訴えるしか手はないと尊信の娘万姫をともない江戸に向かった。万姫の証言が有効打になり尊信は解放され、一色は伊豆大島に流刑になった。

以上は1977年編纂の『喜連川町誌』による。一方、藩内の内紛が収拾できず幕府によって尊信が隠居させられたと伝える別の資料もあり、騒動には不明な点が多い。幕府が介入した大事件だったことは間違いないが、真相は藪の中である。

〈栃木県にあった藩〉

大田原《おおたわら》藩

大田原家　1万1000石　外様　大田原城　栃木県大田原市

大田原氏は鎌倉時代から那須家に仕えた豪族。豊臣秀吉の小田原攻めに那須家を出し抜いて参陣し、主家から独立を勝ち取った。関ケ原合戦では東軍に属して大名になる。世渡り上手で、1万石余の小大名なのに城をもつ城主待遇に収まることができた。

黒羽《くろばね》藩

大関家　1万8000石　外様　黒羽陣屋　栃木県大田原市

大田原藩の大田原家同様、主家の那須家から離れ大名に取り立てられた。藩主の力が弱いのが当藩の特色で、江戸後期にはたびたび藩主が家臣によって強制的に隠居に追い込まれた。幕末の増裕《ますひろ》も家臣の強要によって幕府要職を辞めさせられ、1867年に謎の死をとげた。佐幕派の増裕を葬るための暗殺説が根強い。

烏山《からすやま》藩

大久保家　3万石　譜代　烏山城　栃木県那須烏山市

外様の成田や那須、板倉や稲垣といった譜代が入転封し、大久保家が入って落ち着いた。小藩のため財政難にあえぎ、何度も改革に取り組むが成果を残せなかった。

足利藩《あしかが》

戸田家　1万1000石　譜代　足利陣屋　栃木県足利市

6代将軍家宣が甲府藩主だった頃から仕えた戸田忠時《ただとき》が、その功で大名に取り立てられ立藩した。宇都宮の戸田とは遠縁だが、定着はこちらのほうが早かった。

佐野藩《さの》

堀田家　1万6000石　譜代　佐野陣屋　栃木県佐野市

戦国大名だった佐野家が改易され、1684年に大老堀田正俊《まさとし》の3男正高《まさたか》が入って立藩した。正高が14年後に大津市堅田《かたた》に転封となり、佐野はいったん募領になる。1826年、正高から5代目の正敦《まさあつ》が堅田から帰り、3代で明治の廃藩置県を迎えた。

吹上藩《ふきあげ》

有馬家　1万石　譜代　吹上陣屋　栃木県栃木市

有馬氏倫《うじのり》が8代将軍吉宗に仕え、大名の列に加えられた。当初、千葉県五井に陣屋を置いたが、1842年に吹上に藩庁を移した。久留米藩有馬家とは遠縁にあたる。

壬生藩《みぶ》

鳥居家　3万石　譜代　壬生城　栃木県壬生町

1712年に鳥居忠英《ただてる》が入り、廃藩置県まで8代が統治した。鳥居家は譜代名門で、山形、高遠で問題を起こし改易されるが、その都度許され、壬生で家名をつないだ。

沼田《ぬまた》藩〈群馬県〉

大名家＝土岐家　石高＝3万5000石
大名種別＝譜代　城・陣屋＝沼田城
所在地＝群馬県沼田市

本家へのライバル心で身を滅ぼした真田信利《のぶとし》

戦国末期、真田昌幸《まさゆき》が北条氏から奪った沼田を豊臣秀吉に安堵され、嫡男信之《のぶゆき》を置いたことで沼田藩の基礎ができ上がった。昌幸は次男の信繁《のぶしげ》（幸村）とともに、関ケ原合戦で西軍に属して和歌山県九度山《くどやま》に配流され、東軍として徳川家康に従った信之が、沼田に加え父の領地だった上田も領有した。

信之は1622年に松代へ転封となり、沼田領に子の信吉《のぶよし》を入れた。この段階では、まだ沼田は松代の支領扱いだった。

1657年、信吉の子信利が沼田に入る。信利は松代の本家を継ぐ立場にあったが、母が側室のため、2歳の従弟幸道《ゆきみち》が松代の後継に決まる。自分が松代の世継ぎになるべきだと幕府に訴えたが、幕府はそれを黙殺。信利は怒り心頭に発する。

松代への対抗心に燃える信利は独立を宣言し、本来3万石なのに、松代を超える14万4000石の石高を幕府に報告し、沼田のほうが格上だとアピールした。

5倍弱の石高アップは農民の税に転嫁された。収穫の8割をもっていかれた領民は疲弊。さらに1680年の冷害による大飢饉で餓死者が続出する。

信利は松代への見栄から城を修理し、江戸屋敷も建て替えた。とはいえ、藩の財政は自らの悪政で火の車。そこで手を出したのが、江戸両国橋の修理に用いる材木の提供だった。納入すれば3000両が幕府からもらえる。

山国の沼田ではあったが、橋に使えそうな巨木はそう簡単に入手できない。あっても山奥のため搬送が困難だった。伐採に駆り出された領民も、課せられた重税で生きるのが精いっぱいで、用材集めはうまくいかず、結局納期は守れなかった。

伐採の重労働にあえぐ農民たちは、悪政を幕府に訴えるため、違法行為を承知で江戸に杉木茂左衛門《もざえもん》を送った。茂左衛門の直訴が受け入れられ、1681年、幕府は信利を呼びつけ、木材調達の失敗と領民への苛政を理由に領地没収を命じたのである。信利は山形藩へ流罪になり、かくして昌幸以来の真田支配は幕を閉じた。

ちなみに、直訴した茂左衛門は磔《はりつけ》になったが、その御霊を祀るため千日堂が建立され、義民として今でも崇敬を集めている。

沼田はその後しばらく幕領となり、譜代の本多、黒田を経て、1742年、老中に昇格した土岐《とき》頼稔《よりとし》が封じられ、土岐家12代が明治の廃藩置県まで治めた。しかし市民が慕うのは、やはり城下町を開いてくれた恩人真田信之だった。

高崎《たかさき》藩〈群馬県〉

大名家＝松平（大河内）家　石高＝8万2000石
大名種別＝譜代　城・陣屋＝高崎城
所在地＝群馬県高崎市

高崎で幽閉後に自刃した将軍の弟徳川忠長《ただなが》

1590年に関東に入った徳川家康は、高崎に徳川四天王の一人井伊直政を送り込んだ。直政は赤い鎧で徳川軍の先鋒を務める「井伊の赤鬼」だ。直政に託したことで、高崎の要衝としての重要さがうかがえる。直政は城や城下町を整備して、今ある高崎市街の基盤をつくり上げた。そんな事情から高崎市民には極めて受けがいい。

直政が近江佐和山に移されると、その後は有力譜代が頻繁に交代し、1717年に再入封した松平（大河内）家が最後となり、10代を重ねて明治の廃藩置県に至った。

この藩は幕閣の中枢を担う人材の供給源だが、もっとも長く政権の中枢にいたのは江戸中期の松平（大河内）輝貞《てるさだ》である。出世のきっかけは、5代将軍綱吉の側用人として権勢を振るった、柳沢吉保《よしやす》の養女を妻にしたこと。吉保が表舞台から去ると後ろ盾を失い、高崎から新潟の村上に飛ばされ、派閥抗争に敗れた悲哀を味わった。そこからはい上がり、高崎に復帰して老中格を15年余務め、8代将軍吉宗の「享保の改革」

に参画する。譜代大名の浮沈は、現代のサラリーマンに限りなく似ている。

高崎は3代将軍家光の弟徳川忠長の終焉の地である。忠長は幼少より利発で、引っ込み思案で虚弱体質だった家光とは対照的だった。父秀忠、母お江《ごう》に加え、幕臣たちも将来の将軍は忠長だと見ていた。家光の乳母春日局の家康への直訴がなければ、忠長が3代将軍の座に就いてもおかしくない状況だった。

家光が将軍に就任すると、忠長は父から駿河（静岡県）ほか55万石を与えられ、家康が居城にしていた駿府城に入った。ところが駿府入り以降、大坂城をもらうか、100万石にしてほしいと父にせがむなど、傲慢な態度が目につくようになる。

殺生禁断の地で猿狩りをやり、近習を手打ちにしたことを聞きつけた家光は、1631年、忠長に甲府での蟄居《ちっきょ》を命じた。この蟄居は改心の情を示せば撤回されるレベルのものだった。しかし兄へのわだかまりから、忠長は頑《かたく》なに恭順を拒んだ。自分のほうが優秀だという思いもあったのだろう。2歳ちがいの兄弟の確執は深まる一方で、翌年、家光は高崎を治めていた安藤重長のもとに忠長を移し幽閉した。

重長のもとに、幕閣から忠長が自発的に自害するように策を講じろとの指令が何度も届く。重長はのらりくらりとかわしていたが、家光の直命が伝わると思案に暮れた。そんな重長の苦悩を察した忠長は、自刃を重長に告げたのであった。

1633年12月、忠長は無念をかみしめ高崎の大信寺で切腹した。享年28だった。

前橋《まえばし》（厩橋《まやばし》）藩〈群馬県〉

大名家＝松平（越前）家　石高＝17万石
大名種別＝親藩　城・陣屋＝前橋城
所在地＝群馬県前橋市

この世の春を謳歌《おうか》した大老酒井忠清《ただきよ》の失脚

関ケ原合戦の翌年、酒井重忠《しげただ》が前橋に送り込まれた。重忠の家系は雅楽頭《うたのかみ》の官位から「雅楽頭酒井家」と称され、名門中の名門譜代だ。酒井氏は松平氏にもっとも早くに仕えた家で、徳川四天王の忠次が属する「左衛門尉《さえもんのじょう》酒井家」の流れもあった。

酒井家が前橋を領有し、重忠から数えて4代目の忠清は大老に就いた。4代将軍家綱が政治を忠清に任せきりで、雅楽頭家嫡流の威光とともに、生母が家康の異父弟松平（久松）定勝の娘ということもあり、独裁的な権力を手にした。

江戸上屋敷が江戸城の下馬札の前にあったことから、忠清は「下馬将軍《げばしょうぐん》」と呼ばれた。威光は将軍家を凌ぎ、徳川御三家も忠清のご機嫌をうかがうほどだった。

1680年、将軍家綱が危篤に陥り、継嗣がなかったことから後継者の選定が焦眉の急になった。忠清は鎌倉幕府の宮将軍にならい、京都から親王を招くことを提案する。それに異を唱えたのが、老中になったばかりの堀田正俊だった。

正俊は家綱の弟の綱吉を推し、家綱直筆とする遺言状を合議の場で示した。いかに幕政を牛耳る忠清でも抗えない。5代将軍は綱吉と決まった。

なお、忠清の宮将軍擁立に関しては、否定する意見も出ている。綱吉の襲封に異議を申し立てただけだという。家綱の遺言状も正俊による捏造説が根強い。

正俊が仕掛けた権力闘争に敗れ、綱吉が将軍になると忠清は大老を退いた。その3か月後、不審死をとげる。下馬将軍の栄光はいずこ、自害したとの見方がもっぱらだ。

酒井家は9代忠恭《ただずみ》が姫路に転封となり、50年弱の統治に幕を引いた。代わって1749年、姫路から家康次男秀康の系譜、親藩の松平（越前）朝矩《とものり》が入った。

実は酒井忠恭の時代に、前橋城は利根川の洪水で倒壊の危機に瀕していた。忠恭が修理しないまま去ったので住める状態ではない。松平（越前）は名家だが、入転封を重ねてきて金がなかった。大坂商人から借金を返済せよと訴えられてもいた。1767年、朝矩は拠点を川越に移し、前橋は川越藩の支配下に置かれることになった。

川越藩7代目の松平（越前）直克《なおかつ》は、城を再建しての前橋帰藩を願い出て、1863年に認められた。生糸の輸出で前橋の商人は膨大な利益を得ていて、復帰は商人たちの要請で築城資金も彼らが出す。松平家にとって100年ぶりの前橋だった。

前橋城は1867年1月に完成したが、その年の末には徳川幕府は倒れた。せっかく築いた城も4年後に廃城令で取り壊されたのである。

館林《たてばやし》藩〈群馬県〉

大名家＝秋元家　石高＝6万石
大名種別＝譜代　城・陣屋＝館林城
所在地＝群馬県館林市

息子の死に慟哭して城を破却した5代将軍綱吉

1590年、徳川四天王の一人榊原康政《やすまさ》が封じられ城下町を整備した。康政が病没すると康勝が家督を継ぐが、大坂の陣で負った傷が悪化して26歳で亡くなった。

康勝には身分の低い女性に産ませた勝政がいた。家老は康勝の存在を秘して幕府に世子なしと報告。康政の系譜が絶えるのを惜しんだ家康は、大須賀《おおすが》家に養子にいき、静岡県の横須賀藩主を務めていた康政の孫の忠次を呼びもどして榊原家を継がせた。大須賀家にとっては迷惑な話で、大須賀家は断絶の憂き目に遭った。後に勝政の存在が発覚し、虚偽を報告した家老は切腹させられ、勝政も旗本に取り立てられた。

榊原家が白河に去り、松平（大給《おぎゅう》）家が統治した後には、1661年、3代将軍家光の4男綱吉が25万石で入った。城も格式に合わせて豪華に建て替えられた。とはいえ、綱吉は江戸城にいて、この城で過ごしたのはわずか3日間だけだった。

綱吉が5代将軍の座に就くと、子の徳松（2歳）が藩主になった。しかし徳松は5

歳で夭逝した。わが子の死を嘆いた綱吉は、館林藩の廃藩とともに城郭の徹底的破却を命じる。建物だけでなく石垣も撤去されて城跡は更地になった。

この件に見えるように、綱吉は極端に振れる人である。子殺しや捨て子を禁止し、行き倒れた人を保護する法令を出したことで、戦国の殺伐とした風潮を変え、仁政に舵を切った名君との評価が高まっているが、生類憐みの令はやはりやり過ぎだ。大名家の改易も家光の47件に次ぐ45件で、歴代将軍では2番目に多い。

24年の天領を経て、綱吉晩年の1707年、再び藩が開かれることになった。綱吉の後釜だけに格が求められたが、6代将軍になる家宣《いえのぶ》の弟、松平（越智《おち》）清武《きよたけ》に白羽の矢が立つ。そんな松平（越智）家も、2代武雅《たけまさ》が日光社参で問題を起こし、養子に入った武元《たけちか》が襲封その日に福島の棚倉に移動となった。棚倉は山形と並び、問題を起こした譜代が懲罰的に送られる藩である。

そして棚倉から代わって入封したのが太田家だった。太田の次は松平（越智）武元が棚倉からもどり、続いての井上家も棚倉からの移動だった。さながら館林は左遷先から復活する藩となった観がある。最後の家となる秋元家も山形から入ってきた。

幕末の秋元志朝《ゆきとも》は長州支藩の徳山藩毛利家からの養子で、年貢の減免や災害時の熱心な支援で領民に慕われ、生き神様と崇められた。しかし長州藩が1864年に復権を狙って「禁門の変」を起こすと、幕府から関与を疑われ強制的に隠居させられた。

〈群馬県にあった藩〉

安中《あんなか》藩　板倉家　3万石　譜代　安中城　群馬県安中市

井伊直政の嫡男直勝は病弱で、弟直孝に彦根を譲って父の遺領の安中に入った。井伊家の後は水野、堀田、板倉、内藤を経て、１７４９年に板倉家が再封されて明治に至る。江戸後期の板倉勝明《かつあきら》は名君の誉れ高く、庶民のための学校を開き、他藩に先駆けて種痘を採用し、多くの子どもの命を救った。また藩士の鍛錬のために碓氷峠まで29キロ走る「遠足《とおあし》」を開催。日本最古のマラソンとして今でも続けられている。

七日市《なの(ぬ)かいち》藩　前田家　1万石　外様　七日市陣屋　群馬県富岡市

人質として江戸にきた前田利家の5男利孝《としたか》が、大坂の陣で戦功を挙げ、１６１６年に1万石を与えられた。加賀の前田家にとって当藩は関東の出先機関のような存在。

伊勢崎《いせさき》藩　酒井家　2万石　譜代　伊勢崎陣屋　群馬県伊勢崎市

１６８１年、酒井忠寛《ただひろ》が前橋藩主の父忠清《ただきよ》から2万石を分与されて立藩。本家は１７４９年に姫路に転封したが、当藩はそのまま伊勢崎に残り、明治まで9代が治めた。

吉井《よしい》（矢田《やた》）藩

松平（鷹司）家　1万石　譜代　吉井陣屋　群馬県高崎市

関白鷹司信房《たかつかさのぶふさ》の4男信平《のぶひら》は公家の身分を捨て、将軍家光の正室になっていた姉孝子を頼り江戸に出た。幸い家光に気に入られ旗本に取り立てられた。紀州藩主徳川頼宣《よりのぶ》の娘を娶り松平姓も与えられる。その信平の孫信清《のぶきよ》が1万石に石高を増やし、矢田に陣屋を構えた。後に吉井に陣屋を移し、明治まで10代がこの地を治める。紀州徳川家の縁者のため、石高は少ないが国主格という好待遇を得ていた。

小幡《おばた》藩

松平（奥平）家　2万石　譜代　小幡陣屋　群馬県甘楽町

1617年、織田信長の孫信良《のぶよし》（信雄《のぶかつ》4男）が2万石で立藩した。信長の系譜ということで城主格の待遇をもらった。以後、織田家が君臨するが、9代信邦《のぶくに》のときに事件は起きた。家老の吉田玄蕃《げんば》の失脚を謀る一派が、玄蕃と尊王主義者の山県大弐《だいに》らが江戸城を襲う計画を進めていると幕府に密告。襲撃計画は虚偽だったが、1767年、尊王思想を煽ったと大弐ほか多数が処刑（明和事件）され、玄蕃も幽閉の身となった。

事件により織田家に与えられていた城主格待遇は取り消された。信邦は強制的に隠居させられ、襲封した信浮《のぶちか》は山形の高畠（後に天童）に飛ばされた。

織田家の後には松平（奥平）家が入り、明治の廃藩置県まで家名をつないだ。

忍《おし》藩〈埼玉県〉

大名家＝松平（奥平）家　石高＝10万石
大名種別＝譜代　城・陣屋＝忍城
所在地＝埼玉県行田市

松平定信のわがままでワリを食った名門譜代

低湿地に囲まれた忍城は上杉謙信の2度にわたる攻撃でも陥落せず、1590年の小田原の陣では豊臣方2万3000人に包囲され、石田三成が仕掛けた水攻めでも落ちなかった名城だ。徳川家康が1592年に4男の松平忠吉《ただよし》を封じたのも、忍城で江戸の北を守ろうとしたためである。

江戸時代に入ると戦略的意味は薄れたが、1633年に老中に就任した松平（大河内）信綱《のぶつな》が封じられたことで、ブランドの輝きを発する注目藩になった。

信綱は将軍家光、家綱を支えた政治家だ。江戸を焼き尽くした明暦の大火（1657年）では、江戸にいた大名たちを国許に返し、消費量を抑えることで江戸市中の米価の高騰を防いだ切れ者である。官位の伊豆守《いずのかみ》をもじり「知恵伊豆」と呼ばれた。

1639年に信綱が川越に移り、同じく老中を務める阿部忠秋《ただあき》が入った。忠秋は何人もの捨て子を養育し、改易で生じた牢人たちに手を差し伸べるなど仁政の人である。

江戸期を通じ、もっとも優れた政治家だと語る識者もいる。才気活発で動の信綱に対し、忠秋は謹厳実直な静。二人は絶妙のコンビで長く老中職を担った。

さて、明暦の大火の出火元は本郷にあった本妙寺とされるが、隣りに忠秋の屋敷があり、本当の火元は忠秋邸だという説が一部にある。もしそうならば潔く切腹していたはずで、キャラクターからいって忠秋が頬被りするとは思えないのだが……。

阿部家は忍に在藩しながら、5代続けて老中を輩出した。信綱から数えれば6代続いたことになる。そのため忍は「老中の藩」と称された。

1823年、阿部家に福島県の白河への転封命令が下った。白河にいた元老中の松平（久松）定信が桑名への国替えを求めたからだ。北国を嫌がったというのが理由とされるが、定信は8代将軍吉宗の孫で幕府も逆らえない。阿部家は白河へ移った。

そして定信に押し出されて、桑名から忍にきたのが松平（奥平）家だった。三方国替えというが、阿部、松平（奥平）両家には青天《せいてん》の霹靂《へきれき》だったはず。

松平（奥平）家は、奥平信昌と家康の娘亀姫との間にできた忠明を祖とする名門だ。金ぴかな外面とは裏腹に貧乏で、入封するや豪商や豪農に金を借りまくる惨状。追い打ちをかけるように、1855年の安政大地震で江戸屋敷が倒壊して莫大な修理費がかかり、1859年の洪水では領内に甚大な被害が出て財政を直撃した。76万5000両（230億円ほど）という借財を抱えて、明治の代を迎えたのである。

川越藩《かわごえはん》〈埼玉県〉

大名家＝松平（松井）家　石高＝8万石
大名種別＝譜代　城・陣屋＝川越城
所在地＝埼玉県川越市

豊かな庄内への国替えを画策した松平（越前）家

将軍が江戸城を空けたときに責任者になる、大留守居役を務めた酒井忠利に始まり、酒井忠勝、堀田正盛《まさもり》、松平（大河内）信綱《のぶつな》と老中職にある大物が次々と入り、幕閣中枢が据えられる重要な藩となった。会社でいえば、常にスポットライトを浴びる花形部門といったところ。さらに家康、秀忠、家光3代にわたって絶大な影響力を及ぼした天海が住職を務めた喜多院《きたいん》と、家康を祀る仙波《せんば》東照宮（日光、久能山と並ぶ格式）もあって、幕府にとって手抜きが許されない地でもあった。

1639年に赴任した信綱は城下町を整備し、江戸と川越を結ぶ舟運を確立した。これを通じて江戸の文化が入り、情緒あふれる今の川越の礎が形成された。川越は小江戸として多数の観光客を集めているが、いわば信綱は川越の恩人といえる。

信綱の松平（大河内）家の後には、5代将軍綱吉の政治を支えた柳沢吉保が封じられ、続いて入封したのが老中の秋元喬知《たかとも》だった。喬知は前任地の甲斐から養蚕や織物技術、水産養殖、柿やサツマイモ栽培などをもち込み、川越の発展に貢献した。

4代が60年余治め、秋元家がこのまま定着するかに見えたが、1767年、凉朝《すけとも》の老中引退とともに子の永朝《つねとも》が山形藩に飛ばされた。凉朝は老中筆頭の田沼意次《おきつぐ》と政権内で対立し、左遷は意次による嫌がらせだった。

秋元の後釜に座ったのは、家康次男、結城秀康の流れを汲む松平（越前）朝矩《とものり》である。朝矩は利根川の洪水で前橋城が倒壊して住めなくなり、川越に移転してきた。これ以降、松平（越前）家が川越と前橋を領することになった。

松平（越前）家は膨大な借金を抱え、財政は青息吐息の状態だった。4代斉典《なりつね》のとき、裕福な藩として知られる山形の庄内藩への転封を老中水野忠邦《ただくに》に願い出た。話はとんとん拍子に進み、庄内の酒井家が新潟の長岡に移転し、長岡の牧野家が川越に入る「三方領地替え」に発展した。背景には、これに乗じて酒田港や新潟港を天領に組み入れたいという忠邦の思惑があった。

ところが、貧乏な松平（越前）家がくると、重税は必至だと庄内の領民が猛反発。激しい抵抗運動が巻き起こり、1841年、三方領地替えは頓挫した。

江戸初期には譜代大名が憧れた川越藩の幕引きはあっけなかった。1867年に松平（越前）家が前橋に帰り、代わって入った松平（松井）康英《やすひで》は、何もする間もなく、この年の末には王政復古の大号令を迎えたのである。

〈埼玉県にあった藩〉

岡部藩《おかべ》

安部家　2万石　譜代　岡部陣屋　埼玉県深谷市

今川家臣だった安部信勝が徳川家に仕え、埼玉県に領地をもらって旗本になった。その子信盛《のぶもり》が加増されて大名に列し、1705年に岡部に陣屋を設けた。歴代藩主は大坂で暮らすことが多く、地元と安部家とのつながりは薄い。明治元年の1868年、半原《はんばら》（愛知県新城市）に転封。徳川家の駿府（静岡市）移転に従ったためである。

岩槻藩《いわつき》

大岡家　2万3000石　譜代　岩槻城　埼玉県さいたま市

幕閣の腰掛けとなり譜代の入転封が激しかった。なかには左遷された殿様もいて、老中青山忠俊は将軍家光の養育係だったが、大人になっても諫言する忠俊に切れた家光が大多喜に飛ばした。老中板倉重種《しげたね》も5代将軍綱吉の後継問題で家宣《いえのぶ》（後の6代将軍）を推す水戸光圀《みつくに》に敗れ、老中をクビになったうえ信州坂城《さかき》に追いやられた。

1756年、名奉行大岡越前守忠相《えちぜんのかみただすけ》の家とは遠縁にあたる大岡忠光《ただみつ》が入り、大岡家が明治まで治めた。忠光は病気のために言語不明瞭だった9代将軍家重《いえしげ》に仕えた。家重の言葉が唯一理解できる側近として支え、その功績で大名になれた。

請西藩《じょうざい》〈千葉県〉

大名家＝林家　石高＝1万石
大名種別＝譜代　城・陣屋＝請西陣屋
所在地＝千葉県木更津市

徳川に忠誠を誓い維新で唯一取り潰された藩

徳川家の祖親氏《ちかうじ》が放浪中、信州林郷（松本市）の林藤助《とうすけ》の家に立ち寄った。ところが元旦なのにもてなす料理がない。藤助は雪の野に出て兎を捕まえ、吸物に仕立てた。以後、親氏に幸運が訪れたという吉例にちなみ、将軍家の正月行事では一門に兎の吸物をとらせるのが習慣になった。その際、まず兎の吸物を賜るのが林家当主だった。

1825年、11代将軍家斉《いえなり》の引き立てで忠英《ただふさ》が若年寄に昇進し、石高も加増され、林家は晴れて旗本から大名の身分にな取り立てられた。

最後の藩主となった忠崇《ただたか》は、戊辰戦争で自ら兵を率い、会津や米沢を転戦し新政府軍と戦った。やがて仙台で降伏した忠崇に蟄居《ちっきょ》の処分が下り、請西の領地は没収された。明治維新では唯一取り潰された藩である。将軍家に最後まで忠誠を尽くした忠崇は、反逆者ということで明治政府から爵位をもらえず、開拓民や商家の番頭をして糊口《ここう》を凌いだ。そして昭和16（1941）年まで生き、最後の殿様と呼ばれて92歳で没した。

佐倉《さくら》藩〈千葉県〉

大名家＝堀田家　石高＝11万石
大名種別＝譜代　城・陣屋＝佐倉城
所在地＝千葉県佐倉市

人事に抗議して藩を投げ出したトンデモお殿様

佐倉は江戸の東の要衝とあって、開幕前には徳川一門を配して固めたが、幕政が安定すると譜代が入転封する地に変化した。その数延べ11家と目まぐるしい。とはいえ、在封できるのは老中を狙えるA級ばかりで、下級譜代には縁のない藩だった。

城を築いて佐倉の基盤を整備したのは、入部とともに老中に就任した土井利勝《としかつ》である。利勝は2代将軍秀忠の政治を支えた大物だ。入封時には3万2000石に過ぎなかったが、徐々に加増されて佐倉で14万2000石を手にした。この異例の昇進ぶりを見ると、徳川家康の隠し子だったという説にリアリティも出てくる。ご落胤《らくいん》説はすでに利勝生存中にはささやかれ、本人は非常に嫌がっていたという。

異例の昇進といえば、1642年に封じられた堀田正盛《まさもり》もそれにあたる。3代将軍家光の乳母春日局の義理の孫で、家光の小姓を振り出しに、老中となって佐倉11万石へと大出世をとげた。家光との衆道《しゅどう》の関係が大出世の理由の一つとされる。

衆道に関しては今の感覚をあてはめると歴史を見誤る。戦国期から江戸初期にかけてはポピュラーで、戦国大名で無縁だったのは豊臣秀吉くらいだという。『東海道中《とうかいどうちゅう》膝栗毛《ひざくりげ》』（十返舎一九《じっぺんしゃいっく》）の弥次さん喜多さんも元衆道の関係だった。

さて、堀田正盛の子正信が問題の人である。佐倉で過酷な年貢を課したため領民が大一揆を起こした。農民を救うため名主《なぬし》木内惣五郎が幕府に直訴。その結果、惣五郎は磔刑《たっけい》になったが、過重な年貢は免除された。有名な「佐倉惣五郎事件」である。

正信は父の威光を笠に着た嫌なヤツだった。強権的で欲深く、さらに思い込みが激しく柔軟性に欠けるとあって幕閣に推薦する声が上がらない。正信は自分が認められないのは、幕臣に人を見る目がないからだと判断した。1660年、幕閣批判の意見書を提出し、江戸から単身佐倉に帰った。これは参勤交代の法令違反にあたる。

この帰藩事件の15年ほど前、正信の妻の叔父松平（久松）定政が、刈谷藩領を困窮する牢人に分けてほしいと藩を投げ出し、世間から喝采を浴びたことがあった。これを真似したのか、意見書には旗本のために佐倉の領地を返上すると書いた。しかし世間も幕府も真意は単なる腹いせだと見抜いた。幕府は所領を没収して正信を配流した。

正信が福井県の小浜に預けられていたときのことである。監視の目を盗んで京都にいき、のんびり寺社参拝をして周囲を困らせた。懲りない人である。やがて四国徳島の蜂須賀家に送られ、将軍家綱の訃報を聞くと、鋏《はさみ》で喉をついて亡くなった。正信の父正盛は家光に殉死していて、それにならったようだ。本来なら刀で切腹したかっただろうが、刃物は遠ざけられていた。もの悲しい最期といえる。

1746年、堀田家が再び佐倉に帰ってきて明治まで治める。ただし正信の弟、大老を務めた正俊の系譜（後期堀田家）だ。なお、正信の子正休《まさやす》は家名存続が許され、滋賀県の宮川で立藩した。石高は1万3000石で、正信が払った代償は大きい。

佐倉では、老中の戸田忠昌も懲罰的理由で高田へ送られている。赤穂浪士が吉良邸に討ち入りした、「元禄赤穂事件」の後処理が将軍綱吉の気に入らなかったためだ。

8代将軍吉宗のもとで長く老中を務めた松平（大給《おぎゅう》）乗邑《のりさと》も、吉宗の後継者問題でつまずき山形に左遷となった。乗邑は利発な吉宗次男の田安宗武《たやすむねたけ》を推したが、結局、吉宗が選んだのは政治に関心がなく、病気で言語不明瞭な長男家重だった。将軍家のためによかれと思って下した選択だったが、人の世は一寸先は闇である。

後期堀田家の正睦《まさよし》も時代に翻弄された人だった。水野忠邦《ただくに》の推挙で老中に就任し、「天保の改革」を進めたが、忠邦の失脚にともない老中を追われた。

幕末の混乱に突入すると、正睦は呼びもどされて老中に就く。開明派の正睦は日米修好通商条約の調印に奔走したが、将軍継嗣問題で大老の井伊直弼《なおすけ》と対立したことで、1858年に老中を解任された。多数の老中を輩出し政治を主導した佐倉藩も、この正睦の罷免で実質的に役割を終え、静かに明治の代を迎えたのだ。

大多喜藩《おおたき》〈千葉県〉

大名家＝松平（大河内）家　石高＝2万石
大名種別＝譜代　城・陣屋＝大多喜城
所在地＝千葉県大多喜町

左遷されても諫言《かんげん》をやめなかった青山忠俊

スタートは華々しかった。徳川家康は関東入部にともない、徳川四天王の猛者本多忠勝を10万石で送り込んだ。房総は土豪が多く、にらみを利かせるためである。しかし幕府が安定期に入ると、小ぶりの譜代が入転封する小藩になっていった。

1623年に入った青山忠俊は、岩槻からの左遷だった。幼少期から将軍家光の教育係を務めてきたが、成人した家光には鬱陶しい存在。ある日、売り言葉に買い言葉で、激高した家光は石高を減らし、老中職も解任してここ大多喜に飛ばした。だが忠俊の諫言はやまない。家光が無視すると、忠俊は勝手に隠居を決め込んだ。家光が頭を下げて再出仕を命じても忠俊は応じなかった。さすがの家光も反省したという。

大多喜も1703年に松平（大河内）正久が封じられ、松平家が明治まで続いた。最後の藩主正質《まさただ》は老中格として鳥羽伏見の戦いに臨み、これに敗れて領地を没収された。幸いすぐに許され、1871年の廃藩置県まで藩を存続できたのである。

館《たて》山《やま》藩〈千葉県〉

大名家＝稲葉家　石高＝1万石
大名種別＝譜代　城・陣屋＝館山陣屋
所在地＝千葉県館山市

里見家滅亡がモチーフとなった『南総里見八犬伝《なんそうさとみはっけんでん》』

里見家は戦国時代、北条と覇権を競うほどの関東の名族だった。小田原攻めに遅参したために豊臣秀吉によって房総半島南部の安房一国に封じ込められたが、関ケ原合戦では義康が徳川家康に与し、12万石を安堵してもらい立藩することができた。

家督を継いだ忠義に1614年、鳥取の倉吉への転封命令が下った。妻の祖父大久保忠隣《ただちか》が謀反の罪で断罪され、それに連座したためである。実態は江戸近くにある外様外しであり、実石高4000石の倉吉への移封は配流だった。

忠義は不運を嘆き29歳の若さで亡くなった。このとき8人の家臣が殉死したが、彼らをモデルに滝沢馬琴《ばきん》が著したのが長編小説『南総里見八犬伝』である。

里見家が追放された館山には、1781年になって稲葉正明《まさあきら》が1万石で封じられ陣屋を設けた。淀藩稲葉家の分家にあたる小さな家である。5代が在封して明治を迎えた。なお、幕末の正巳《まさみ》は老中格や海軍総裁など要職を歴任した。

関宿藩《せきやど》〈千葉県〉

大名家＝久世家　石高＝5万8000石
大名種別＝譜代　城・陣屋＝関宿城
所在地＝千葉県野田市

勤皇派と佐幕派が対立し藩主拉致事件に発展

利根川水運の要衝とあって、中堅譜代が送り込まれた。何家もの入転封の後、江戸中期に久世《くぜ》家が入って定着する。久世家はここ関宿で4人の老中を輩出した。

幕末の6代久世広周《ひろちか》も老中を務めたが、大老井伊直弼《なおすけ》と対立して解任。直弼が暗殺されると老中に復帰したが、公武合体政策の頓挫で蟄居《ちっきょ》を命じられた。

広周の家督を相続したのは9歳の広文《ひろぶみ》だった。尊攘派と佐幕派が鋭く対立する藩内をまとめるなど幼い広文にはムリな話で、鳥羽伏見の戦いで劣勢となった幕内の佐幕派は、主導権を握るため15歳になった広文を奪取し、取りもどそうとする尊攘派と激突するに至った。佐幕派は広文を帯同して彰義隊に合流。上野戦争を戦った。

上野戦争後、解放された広文は、結果として新政府に背いたことになり、弟の広業《ひろなり》に藩主を譲ることで久世家の取り潰しを免れた。千葉県の北西にあった静かな関宿でも、明治維新では壮絶なドラマが繰り広げられていたのである。

勝山《かつやま》(加知山《かちやま》)藩〈千葉県〉

大名家＝酒井家　石高＝1万2000石
大名種別＝譜代　城・陣屋＝勝山陣屋
所在地＝千葉県鋸南町

妻子の直訴で冤罪が晴れた「忍足佐内《おしたりさない》事件」

北陸小浜藩主の酒井忠直から甥の忠国《ただくに》が領地をもらい、1668年に房総半島の先端近くに立藩した小藩である。酒井家が9代在封し明治を迎えた。

酒井家5代忠鄰《ただちか》のときだった。1770年の干ばつで領民は困窮し、それぞれの村の名主《なぬし》は国奉行と代官に年貢の減免を願い出て許された。勝山のような小藩では、藩主は江戸定住を命じられ、実際の国政は奉行や代官が取り仕切った。

金尾谷村の名主忍足佐内も減免を申し出たが、奉行と代官に賄賂を贈らなかったので認められなかった。佐内は江戸の藩主に悪行を伝えようとしたが、奉行と代官は賄賂の発覚を恐れ、罪を着せて佐内を処刑した。

佐内の妻子が老中に直訴したことで幕府が腰を上げる。佐内の冤罪は晴れ、奉行と代官は刑に処せられた。さながらテレビの時代劇のようである。南房総では「忍足佐内事件」として知られ、佐内は義民として地元民から崇敬を集めた。

〈千葉県にあった藩〉

久留里《くるり》藩

黒田家　3万石　譜代　久留里城　千葉県君津市

1602年に土屋忠直が封じられ久留里藩が成立。1679年、3代直樹《なおき》が乱心して土屋家は除封になった。天領を経て、1742年に黒田直純《なおずみ》が再立藩し、黒田家が明治まで在封した。久留里の黒田家は譜代で、福岡藩の黒田家とは別系統である。

生実《おゆみ》藩

森川家　1万石　譜代　生実陣屋　千葉県千葉市

2代将軍秀忠に仕えた森川重俊《しげとし》は、小田原藩大久保忠隣《ただちか》の改易に連座して除封された。重俊は大坂夏の陣で戦功を挙げるなど忠義を示し、1627年に許されて再立藩。森川家が12代在封して明治に至る。なお重俊は老中に出世し秀忠に殉死した。

小見川《おみがわ》藩

内田家　1万石　譜代　小見川陣屋　千葉県香取市

後に幕政を仕切る土井利勝が初めて大名に取り立てられた地だ。次の安藤重信の後は天領になり、1724年に内田正親《まさちか》が入って再び藩が成立した。正親の父は乱心で鹿沼を除封されたが、内田家歴代の功績から、正親の小見川での相続が許可された。

高岡《たかおか》藩

井上家　1万石　譜代　高岡陣屋　千葉県成田市

井上政重が島原の乱の戦功により、1640年に1万石の大名に取り立てられた。政重は鎖国体制の確立に尽力するなど手腕を振るったが、当初、陣屋を構えることが許されず、高岡に陣屋を置けたのは、政重の曾孫政蔽《まさあきら》になってからだった。

多古《たこ》藩

松平(久松)家　1万石　譜代　多古陣屋　千葉県多古町

1713年、旗本だった松平(久松)勝以《かつゆき》が、加増によって1万石を超え、大名に取り立てられた。松平(久松)家は名門だ。徳川家康生母の於大《おだい》の方が久松俊勝と再婚。生まれた3人の子が家康に仕えた。いわば家康の義理の弟たちである。勝以の家は、その次男康俊の系譜。松平(久松)家では最小石高だが、格式は認められていた。

鶴牧《つるまき》藩

水野家　1万5000石　譜代　鶴牧陣屋　千葉県市原市

水野忠韶《ただてる》が1827年に千葉県北条から陣屋を移した。鶴牧の水野家は本家にあたる結城藩水野家からすると分家のまた分家。とはいえ徳川家康生母、於大の方の実家だけに、石高こそ低いが当家も幕閣中枢を担った。最後の藩主忠順《ただより》は、1868年4月に旧幕軍鎮撫を命じられたが、サボタージュして危うく取り潰しになりかけた。

佐貫《さぬき》藩

阿部家　1万6000石　譜代　佐貫城　千葉県富津市

内藤、松平（桜井）、松平（能見《のみ》）が在封した佐貫に、1710年、阿部正鎮《まさたね》が入り、阿部家が明治まで続いた。幕末の正恒《まさつね》は戊辰戦争で幕府寄りの姿勢が問われて新政府軍に捕縛されたが、取り潰しには至らず明治4（1871）年の廃藩置県を迎えた。

飯野《いいの》藩

保科家　2万石　譜代　飯野陣屋　千葉県富津市

高遠藩主保科正光《ほしなまさみつ》の弟正貞が飯野に陣屋を置いた。保科家は大坂定番に任じられて関西で暮らす藩主が多く、地元の結びつきは薄い。幕末の正益《まさあり》は若年寄として第2次長州征討の指揮をとったが、戊辰戦争後、佐幕の姿勢が問われ、佐幕を主導した家臣を切腹させるという苦渋の決断で藩と家名を守った。飯野陣屋は規模が大きく日本三大陣屋の一つに数えられる。濠や土塁の保存状態がよく、歴史マニアに人気が高い。

一宮《いちのみや》藩

加納家　1万3000石　譜代　一宮陣屋　千葉県一宮町

1826年、四日市の八田藩主だった加納久儔《ひさとも》が、飛び地だった一宮に陣屋を移した。久儔の子久徴《ひさあきら》は若年寄として公武合体に邁進し、降嫁する皇女和宮の行列を守る総奉行を務めた。1863年には久宜《ひさよし》が、九十九里で蜂起した真忠組を鎮圧した。

小《お》田《だ》原《わら》藩〈神奈川県〉

大名家＝大久保家　石高＝11万3000石
大名種別＝譜代　城・陣屋＝小田原城
所在地＝神奈川県小田原市

大久保忠隣《ただちか》を失脚させた「大久保長安《ながやす》事件」の闇

自分が将軍家の屋台骨を背負っている――。大久保忠隣はそう自負していたはずだ。父忠世《ただよ》の家督を継いで小田原を領し、老中として2代将軍秀忠を支えていた。

政敵の本多正信・正純父子が、「岡本大八事件」で力を落としていたことも大きい。本多父子の家臣岡本大八は、日野江《ひのえ》藩主の有馬晴信をだまして大金をせしめ、詐欺行為が発覚して処罰された。本多父子に影響が及ばなかったのが不思議なくらいだ。

忠隣の力の源泉は、配下にいた大久保長安の存在にもあった。長安は幕府直轄地150万石を統括する代官に任命され、税の徴収から土木工事、街道の整備まで担った。長安がもっとも手腕を発揮したのが鉱山開発だ。長安によって採掘量が増加し、石見銀山や佐渡金山、伊豆金山から生み出される莫大な富が幕府を潤した。

1613年1月、牛久藩主山口重政が改易された。忠隣の養女と子の重信との婚姻を幕府に届けなかったことが理由だった。忠隣のつまずきの始まりである。

同年4月、大久保長安が駿府の屋敷で病死した。その死を待っていたかのように徳川家康の命で墓が暴かれ、わざわざ遺骸を斬首して首を晒した。長安の所領や財産は没収、７人の子どもも死罪に処せられた。事件はここに留まらず、長安と姻戚関係にあった松本藩主石川康長、下総飯田藩主青山成重が連座して改易となった。

「大久保長安事件」の真相は謎に包まれている。不正蓄財を問われたとする説、長安が家康の6男忠輝を担ぎ幕府転覆を企てたという説もあるが、幕府転覆計画はさすがに濡れ衣だろう。劣勢にあった本多父子が暗躍していたのは間違いない。

長安への処断で外堀が埋められた。１６１４年1月、忠隣に改易令が下った。表向きの理由は山口家との無届け婚姻の罪だが、長安との関係の深さが要因なのは誰の目にも明らかだった。実際、家康は忠隣が長安と結託して謀反を起こすと信じていた。吹き込んだのは本多父子である。以降、本多父子の権力が高まっていった。

さて、父正信亡き後も権力を握っていた正純だが、１６２２年、「宇都宮城釣天井事件」で宇都宮藩を追放され配流の身となった。人々は因果応報だと口にしたという。

忠隣が追われた小田原に、72年後の１６８６年、大久保家が返り咲いた。忠隣の孫忠識《ただもと》が累代の功によって許され、加納を振り出しに明石、唐津、佐倉をめぐって石高を上げ、忠識の後継忠朝《ただとも》の代になって復帰できた。以降、大久保家が在封する。

１７０７年、小田原藩は存亡の危機に瀕した。富士山が噴火し、東麓の村々が降灰で壊滅状態に追い込まれたのだ。須走村では3メートルも火山灰が積もった。灰が河川に流れ込み、川が氾濫する二次被害にも悩まされた。藩は自力での復旧は困難と判断し、荒廃した領地約5万7000石を幕府に返上した。

困窮する民を救う立場であるはずの幕府は、この災害を利用した。全国の大名、旗本に復興税を課し48万両を徴収したのだが、救援に使われたのは6万両で、残りは幕府財政の赤字補填にあてたのである。被災民はたまったものではない。

被災地の復興を担当したのが関東郡代の伊奈忠順《ただのぶ》だった。忠順は飢餓に苦しむ農民を救うため、幕府の米倉を勝手に開けて配った。結果、忠順は罷免され切腹したという。小山町須走には伊奈神社が建てられ、今も忠順は篤く祀られている。

譜代として幕府を支えてきた小田原藩だが、鳥羽伏見の戦い以後、佐幕と勤皇の間で二転三転した。高松藩から養子に入った藩主忠礼《ただのり》は将軍慶喜の従兄弟とあって、慶喜にならって新政府に恭順の意を表した。ところが藩士が旧幕軍優勢との偽情報を伝えにくると、これを信じて新政府軍と戦う遊撃隊（旗本が結成）と同盟を結んだ。

佐幕に転じたと知った江戸藩邸は驚き、急遽、翻意させるべく大目付中垣を送った。中垣の説得で再び勤皇にもどった藩は、昨日の友遊撃隊と箱根湯本で戦った。

騒動の責任を問われ、藩主忠礼は永蟄居に処せられた。さらに家老が腹を切り、大減封の末に取り潰しを免れた。老中を何人も出した超名門の維新の迷走である。

〈神奈川県にあった藩〉

六浦《むつら》藩（金沢《かなざわ》）藩

米倉家　1万2000石　譜代　金沢陣屋　神奈川県横浜市

米倉家は甲斐武田氏の旧臣だ。武田家滅亡後に徳川に仕え、1699年に昌尹《まさただ》が大名に取り立てられて皆川（栃木市）に陣屋を構えた。昌尹の栄進の背後には、同じく武田旧臣で、将軍綱吉のもとで権勢を振るった柳沢吉保《よしやす》の支援があった。昌尹の系譜は3代で絶えた。吉保6男の忠仰《ただすけ》が養子に入り、その忠仰が1723年に金沢に陣屋を移した。明治になり北陸金沢藩との混同を避けるため、六浦藩に改称している。

荻野山中《おぎのやまなか》藩

大久保家　1万3000石　譜代　荻野山中陣屋　神奈川県厚木市

小田原藩主大久保忠朝《ただとも》の次男教寛《のりひろ》が昇進による加増で1万石を超え、沼津市に陣屋を構えた。1783年、教翅《のりのぶ》が荻野に陣屋を移し荻野山中藩が誕生した。本藩は幕府からの加増で成立したもので、小田原藩の支藩ではなく、あくまで分家の立場だ。

大政奉還も終わった1867年12月、荻野陣屋が突如襲撃された。西郷隆盛が仕掛けた江戸擾乱《じょうらん》作戦の一環で、水戸浪士30数名が金品を奪い陣屋を焼いた。この事件は、間もなく始まる鳥羽伏見の戦いの要因の一つになったという。

新潟県・富山県・石川県・福井県・岐阜県・静岡県・愛知県

北陸・中部編

村上(本庄)藩	5万石
新発田藩	10万石
長岡藩	7万4000石
三根山藩	1万1000石
高田藩	15万石
黒川藩	1万石
三日市藩	1万石
与板藩	2万石
椎谷藩	1万石
村松藩	3万石
糸魚川藩	1万石
富山藩	10万石
金沢(加賀)藩	102万5000石
大聖寺藩	10万石
丸岡藩	5万石
福井藩	32万石
小浜藩	10万3000石
敦賀(鞠山)藩	1万石
勝山藩	2万3000石
大野藩	4万石
鯖江藩	4万石
松代藩	10万石
上田藩	5万3000石
松本藩	6万石
高島(諏訪)藩	3万石
高遠藩	3万3000石
飯山藩	2万石
須坂藩	1万石
田野口藩	1万6000石
小諸藩	1万5000石
岩村田藩	1万5000石
飯田藩	1万5000石
岩村藩	3万石
郡上(八幡)藩	4万8000石
大垣藩	10万石
加納藩	3万2000石
高須藩	3万石
苗木藩	1万石
高富藩	1万石
今尾藩	3万石
沼津藩	5万石
田中藩	4万石
相良藩	1万石
掛川藩	5万石
横須賀藩	3万5000石
浜松藩	6万石
小島藩	1万石
堀江藩	1万石
岡崎藩	5万石
田原藩	1万2000石
刈谷藩	2万3000石
尾張(名古屋)藩	61万9500石
犬山藩	3万5000石
挙母藩	2万石
西端藩	1万石
西大平藩	1万石
三河吉田藩	7万石
西尾藩	6万石
大垣新田藩	1万石

村上《むらかみ》（本庄《ほんじょう》）藩〈新潟県〉

大名家＝内藤家　石高＝5万石
大名種別＝譜代　城・陣屋＝村上城
所在地＝新潟県村上市

維新の混乱を収拾できず悩んで自害した若殿

養父（母の父）頼勝から家督を譲られ村上藩9万石の領主に就いた村上忠勝は、外様大名が置かれた微妙な立場を理解していたつもりだった。加えて実父戸田内記は関ケ原合戦で西軍に与して討ち死にし、妻の実家花井家は不正蓄財で処断された大久保長安と縁戚関係。隙を見せれば改易されてもおかしくない立場にあったのだ。

幕府は忠勝の監視役として、河野庄左衛門を送り込んだ。ありがちな話だが、村上家臣にはこれが面白くない。とくに家老冨田次郎左衛門は事あるごとに河野と対立した。幕府をおもんばかった忠勝は、冨田を一方的に死罪に処して家内不和の幕引きを図った。ところが今度は河野が暗殺され、事態は混迷を深めるばかりだ。冨田の孫にあたる兼松与三郎の犯行だと断定し、与三郎に切腹を命じた。

騒動はこれでも収まらなかった。家臣魚住《うおずみ》覚兵衛が斬り殺されたのだ。河野庄左衛門の子、権兵衛の報復なのは明らかだったが、権兵衛はいわば幕府の身内である。忠勝は思い悩み裁定を幕府に委ねた。

幕府が下したのは忠勝の改易だった。混乱を収拾できない力不足が理由だが、取り潰しの格好の口実を与えたのは忠勝である。1618年に丹波に配流され、5年後に死去した。享年29。弱みを見せた外様の末路だ。同情を禁じ得ない。

この一連の騒動は、1613年の大久保長安事件や、1616年の徳川家康6男の松平忠輝改易事件との関連を指摘する意見もあり、もしそうならば闇は深い。

堀直寄《なおより》、譜代の本多忠義を経て、1649年に姫路から封じられてきたのが家康次男、結城秀康の血統を引く松平（越前）直矩《なおのり》だった。直矩はわずか8歳で、大藩姫路を任せられないというのが転封の理由だ。このときから村上藩は左遷色が強くなる。

直矩が1667年に27歳で姫路にもどると、入れ代わりに姫路から榊原政倫《まさとも》がやってきた。政倫も3歳で、転入理由は直矩と同様だった。さらに1704年、姫路から7歳の本多忠孝が村上に――。さながら村上藩は姫路藩の2軍と化した。3家続いた幼い殿様の来封を領民は苦々しく思っていただろう。

その後、後ろ盾だった柳沢吉保《よしやす》が政界から去ることで、権力の座から滑り落ちた松平（大河内）輝貞、将軍吉宗から追われた間部詮房《まなべあきふさ》と左遷組が続く。

間部詮房は不思議な経歴のもち主だ。能役者の子として生まれ、3代将軍家光の子、甲府藩を治めていた徳川綱重に仕え、18歳で綱重の子どもの家宣《いえのぶ》の小姓に取り立てられた。家宣が6代将軍として江戸城に迎えられると、詮房は側用人となり、やがて老中格に昇格して家宣、家継（7代将軍）と2代にわたって政治を補佐したのである。

長期間政権の中枢にいたために幕臣から嫉妬や妬みを集め、なかでも家継の生母月光院とのスキャンダルが世間をにぎわせた。しかし詮房は衆道《しゅどう》一本の人で、女性との交わりは一切なく妻も妾もいなかった。戦国時代から江戸中期にかけて、衆道は政治を含めた人間関係を読み解くうえでの重要なキーワードである。

政治の表舞台を歩んだ詮房も、吉宗が8代将軍の座に就くと排除され、1717年に村上に飛ばされた。そして、その3年後、55歳で没した。

1720年に入った内藤弌信《かずのぶ》もトラブルで大坂城代を免職され、懲罰的措置で送られてきた。結局、弌信を祖とする内藤家が村上に定着する。

維新時の藩主内藤信民《のぶたみ》の最期は憐れだ。鳥羽伏見の戦いで幕府軍が敗退すると、新政府軍から信民に下った命令は会津攻撃への参加だった。一方、藩内では佐幕派が優勢で、18歳の信民では説得できない。前藩主の信思《のぶこと》からは新政府に恭順するようにいわれ、板挟みになった信民の苦悩は深まる。さらに家老の鳥居三十郎が、信民の意向を無視して奥羽越列藩同盟に加盟。独断で庄内藩とともに新政府軍と戦火を交えた。その報を聞いた信民は、城内の厠《かわや》で首を吊って果てた。幕末維新の藩主で自死したのは、須坂藩の堀直虎と高知新田藩の山内豊福《とよよし》、そしてこの信民の三人だけである。

新発田藩《しばた》〈新潟県〉

大名家＝溝口家　石高＝10万石
大名種別＝外様　城・陣屋＝新発田城
所在地＝新潟県新発田市

幕府への必死の忠勤で守った外様大名の家名

１５９８年、溝口《みぞぐち》秀勝が越後全体を領した堀秀治の「支店長」として新発田に入り立藩した。だが主家の堀家が１６１０年に取り潰され、同じく秀治の配下で村上に封じられた村上家も１６１８年に除封された。外様は隙を見せれば潰される。以後、幕府から普請を命じられれば各地に赴き、必死に忠勤に励んで生き残りを図った。

新田開発に勤《いそ》しんだのも、領国経営を安定させて改易の口実を与えないためだ。新発田を穀倉地帯に変えたのは、領地没収に対する恐れだった。その甲斐あって、１８６０年に表石高５万石（立藩時は６万石）を倍の10万石に高直しすることができた。表石高を上げれば幕府内での家格も上昇し、お家安泰につながるからだ。

譜代が圧倒的優位な越後で12代、不祥事を起こした藩主もいない。真面目一筋で幕府に奉仕した。戊辰戦争でそんな態度が一変する。親幕の奥羽越列藩同盟入りを拒否し、新政府軍に与して会津攻めに加わった。積年の鬱憤が噴出した結果だろう。

長岡《ながおか》藩〈新潟県〉

大名家＝牧野家　石高＝7万4000石
大名種別＝譜代　城・陣屋＝長岡城
所在地＝新潟県長岡市

「武装中立策」が裏目に出た戊辰戦争の悲劇

1618年に譜代の牧野忠成が長岡に送られ、牧野家13代が廃藩まで治めた。古くから徳川に仕えた譜代として、厳しい家内統制を敷く牧野家だけに、藩を傾けるような騒動はなかった。それでも基盤の固まらない初期には家督問題が起きている。

忠成は幕政に参加して江戸にいたため、国政を実弟秀成に任せた。秀成は人望篤い人だったのだろう。忠成を引退させ、秀成を次の領主に擁立しようとする家臣も出始めた。動きを察知した忠成は弟を幽閉する。さらに刺客を放って葬った。なお、秀成の死の16日後、忠成の嫡男が24歳で急死した。領民は秀成の祟りだと噂したという。

長岡藩は比較的豊かな藩だった。財政に大きく貢献したのが所有する新潟港で、毎年1万両（江戸前期で約10億円）の利用税が藩に入った。

ところが1843年、老中水野忠邦が進めた「天保の改革」の一環として、金蔓《かねづる》の新潟港を幕府に接収された。薩摩藩が新潟港でやっていた密貿易を見逃したのが理由とされたが、財政に困窮する幕府が新潟港の利権に目を付けたと見るべきだろう。新潟港を失ったことで、長岡藩の台所は火の車になった。

改革を託されたのが河井継之助《つぎのすけ》だった。継之助は佐久間象山《しょうざん》や備中松山藩で改革を成功させた山田方谷《ほうこく》に学んだ長岡一の秀才である。

継之助が執政という藩政のトップに就いた1867年、10月に15代将軍慶喜《よしのぶ》が政権を朝廷に返上（大政奉還）した。徳川幕府の終焉だった。とはいえ政局の中心には慶喜がいて、9代忠精《ただきよ》から3代続けて老中を輩出した長岡は徳川に忠誠を誓った。

翌年1月、新政府軍と旧幕府軍の間で鳥羽伏見の戦いが勃発する。1年4か月続く戊辰戦争の始まりだった。長岡藩兵を率いて大坂を警備していた継之助は、戦場を放棄した慶喜を追って江戸にもどり、江戸藩邸にあった宝物を売り払ってガトリング砲や大砲を購入した。ガトリング砲は連続射撃ができる機関銃で当時最新の兵器である。藩に危機が迫ったら、これらの武器で長岡を守ろうという判断からだ。

4月末、藩は新政府軍から会津攻めへの参加を求められた。継之助は中立を宣言してこれを拒否した。新政府軍が気にしたのはガトリング砲ほかの最新兵器だった。長岡城を包囲して再度参戦を求める。結局、交渉は決裂し戦端が開かれた。

新政府軍2万に対し長岡藩兵1400人余。そもそも勝ち目のない戦いだった。多数の戦死者を出し、城下は焦土と化した。完膚なきまでの敗北である。継之助は戦で負傷し、傷がもとで会津に落ちる途中の南会津塩沢峠で亡くなった。

見渡す限り焼け野が原。あまりの戦火の凄まじさだった。はたして継之助が下した「武装中立策」の判断は正しかったのか。それとも新政府軍のやり方が過酷過ぎたのか。長岡では今でも論争が続いている。

長岡藩は領地を一度没収されたが、石高を3分の1以下の2万4000石に減らされて再興が許された。しかし戦災で領民はその日の食べ物にも事欠く始末。窮状を救おうと、支藩の三根山藩が100俵の米を送ってくれた。

喜ぶ領民をよそに、藩重役の小林虎三郎は米を売り、学校の建設資金にまわした。「100俵の米も食べればすぐになくなるが、教育にあてれば明日の1万、100万俵になる」――。これが有名な虎三郎の「米百俵の精神」である。100俵の米が元手になり、明治3（1870）年、長岡にめでたく国漢《こくかん》学校が開校した。

●三根山《みねやま》藩　牧野家　1万1000石　譜代　三根山陣屋　新潟県新潟市

1634年、長岡藩祖・牧野忠成から4男定成が6000石を分与され、定成は旗本になった。幕末の1863年、定成から数えて11代目の忠泰《ただひろ》が5000石分の石高増を幕府に認めてもらい、合わせて1万1000石となることで大名に列した。新潟市三根山に陣屋を置く、長岡藩支藩の誕生である。ただし、明治4（1871）年の廃藩置県まで忠泰が藩主を務め、忠泰1代のみの治世で三根山藩は終わった。

高田藩《たかだ》〈新潟県〉

大名家＝榊原家　石高＝15万石
大名種別＝譜代　城・陣屋＝高田城
所在地＝新潟県上越市

栄光の座を追われた徳川プリンスたちの無念

徳川家康の6男、松平忠輝《ただてる》の物語はもの悲しい。忠輝は1610年、上杉謙信ゆかりの上越に封じられた。信濃の川中島領と合わせて75万石の大封である。

入封の4年後、忠輝は福嶋城（上越市港町）を廃し、内陸部の高田に城と城下町の移転を決めた。家康から城の普請を命じられたのが、忠輝の妻の父・伊達政宗や前田利常、上杉景勝ら大物外様だった。外様の財力を削ぐのが目的といえる。完成すれば名古屋城に匹敵する規模の巨城だったが、忠輝がその姿を目にすることはなかった。

1616年4月、家康は忠輝の勘当を遺言に駿府で死去した。その3か月後、忠輝は兄である将軍秀忠によって高田を追われ、伊勢市の朝熊《あさま》に配流された。

このとき忠輝は25歳だった。前年の大坂夏の陣で忠輝の家臣が秀忠に従っていた旗本2名を斬殺。さらに着陣が遅れて戦に間に合わなかった。決定打になったのは、軍功が上げられずに家康から叱責され、ふてくされて軍議をさぼったことだった。

忠輝改易後、奇妙な噂が巷《ちまた》に流れた。忠輝の家老で幕府直轄地の代官だった大久保長安《ながやす》が伊達政宗と謀り、スペインやポルトガルの援助を受け、幕府を倒して忠輝を日本皇帝に据えようとしていたというのだ。

長安が軍資金ともなりうる莫大な私財を蓄えていたのは事実だし、政宗は徳川家最大の仮想敵だった。とはいえ長安が死後、墓を暴かれて遺骸を晒し首にされたのは忠輝除封の3年前。政宗が罪を問われた形跡もない。あくまで噂話の域を出ず、江戸初期の幕府権力の不安定さが呼び込んだフェイクというべきだろう。

そもそも忠輝は、生まれたときから父家康に疎んじられた。遺棄せよと厳命されたが、外様の皆川家が秘かに育てた。顔が家康自ら切腹に追いやった、長男信康《のぶやす》に似ていたからだとされる。信康の死は家康のトラウマになっていた。大人になってもわがままで粗暴な行動が目立ったのは、父への愛憎が心の中で渦巻いていたからだろう。

忠輝は朝熊から飛騨高山を経て、諏訪の高島藩にお預けになった。そこで58年間幽閉され、1683年に92歳で亡くなる。山国で何を思って過ごしたのか。ときはすでに5代将軍綱吉の世だった。諏訪市内の貞松院《ていしょういん》に忠輝の墓がある。

高田藩には悲劇のプリンスがもう一人いた。1624年に入封した松平光長《みつなが》は、家康次男・結城秀康《ひでやす》の嫡孫である。母は将軍秀忠の娘という毛並みのよさで、神君家康の曾孫が入ることで、高田藩は御三家に次ぐ名門藩となった。

高田藩が最も輝いたのがこの光長の時代だった。表高は26万石だが、実石は40万石超。城下は繁栄し「六千軒高田の城下」ともてはやされた。

継嗣綱賢《つなかた》が病死したことで、光長の運命が暗転する。国家老の荻田《おぎた》主馬《しゅめ》が光長の異母弟永見《ながみ》大蔵《おおくら》を世継ぎとして担ぎ、もう一人の国家老小栗美作《みまさか》は大蔵の兄の遺児・万徳丸を推した。もめた末に万徳丸が世継ぎと定まったが、大蔵と主馬は面白くない。反小栗派の藩士855名をともなって、小栗邸を襲撃する事態に至った。「越後騒動」と呼ばれる内紛劇である。幕府も捨ておけないと大老酒井忠清《ただきよ》が乗り出し、大蔵と主馬を藩から追放する裁定を下して収めた。

だが新将軍に就いた綱吉が忠清の決定を覆す。両派の家臣を厳しく罰し、光長を改易に処したのだ。綱吉の将軍就任に反対したのが忠清と光長だった。処分は綱吉の私怨による意趣返しとされる。光長は四国松山に配流の身となった。光長は6年後に赦免され、江戸でひっそりと暮らし、93歳の天寿をまっとうしたという。

光長の改易でケチがついたのか、江戸中期から高田藩は山形、棚倉、村上同様に、トラブルを起こした大名の飛ばされ先に位置付けられてしまった。松平（久松）家は桑名で家臣を大粛清したことを問題視され、1741年に封じられた榊原家も、姫路で政岑《まさみね》が吉原の花魁高尾太夫を莫大な金で身請けしたことを問われた懲戒的転封だった。結局、榊原6代が明治まで統治し、波乱万丈の高田藩の幕が閉じた。

〈新潟県にあった藩〉

黒川《くろかわ》藩

柳沢家　1万石　譜代　黒川陣屋　新潟県胎内市

5代将軍綱吉のもとで権勢を振るった柳沢吉保《よしやす》の4男経隆《つねたか》が、1724年に黒川に陣屋を置いた。もともと経隆は山梨県内に領地を与えられていたが、兄吉里《よしさと》が甲府から奈良県郡山に転封となり、郡山に領地を分与する余裕がなかったため、代わって黒川の地を与えられた。柳沢家8代が明治4（1871）年の廃藩置県まで収めた。

三日市《みっかいち》藩

三日市藩　柳沢家　1万石　譜代　三日市陣屋　新潟県新発田市

黒川藩設立と同じ理由で、柳沢吉保5男の時睦《ときちか》が黒川に隣接する三日市に立藩した。経隆、時睦ともに、吉保の側室で元禄期の文人だった正親町町子《おおぎまちまちこ》の子である。

与板《よいた》藩

井伊家　2万石　譜代　与板城　新潟県長岡市

掛川藩主の井伊直朝《なおとも》が乱心し、通常なら断絶になるところだが、譜代筆頭彦根藩井伊家の分家ということで宗家から直矩《なおのり》が養子に入り、1705年に与板に移転して家名を存続させた。戊辰戦争では旧幕軍の攻撃を受け与板城は炎上している。

椎谷藩《しいや》

堀家　1万石　譜代　椎谷陣屋　新潟県柏崎市

堀直宥《なおさだ》が1698年、千葉県市原から柏崎の椎谷に陣屋を移し立藩した。堀家は外様だったが、曽祖父の直之が幕府の要職を歴任。さらに直之の正室が春日局の姪だったことから譜代に取り立てられた。1792年には失政で農民一揆を招き、危うく取り潰されそうになるが、他家から養子をいれることでお家断絶を辛うじて免れた。

村松藩《むらまつ》

堀家　3万石　外様　村松城　新潟県五泉市

1639年、堀直時《なおとき》が新潟県阿賀野市の安田で立藩した。2代直吉《なおよし》のときに領地替えになり村松に移転。11代直賀《なおよし》は親幕派だったため、戊辰戦争では新政府軍の標的とされ、直賀は城に火を放って米沢に逃走した。残された藩士が新藩主直弘《なおひろ》を擁立し、会津攻めの先鋒を務めることで、なんとか堀家の取り潰しを防いだ。

糸魚川藩《いといがわ》

松平（越前）家　1万石　親藩　糸魚川陣屋　新潟県糸魚川市

有馬や本多が在封した後、1717年に松平（越前）直之《なおゆき》が入り、明治まで8代が続いた。藩主は江戸在住を命じられた定府大名のため、糸魚川にくることは滅多になく、江戸から派遣された代官が治めた。そのせいで領民と藩主家の結びつきは薄い。

富山《とやま》藩〈富山県〉

大名家＝前田家　石高＝10万石
大名種別＝外様　城・陣屋＝富山城
所在地＝富山県富山市

宗家金沢藩の顔色をうかがい続けた230年

金沢藩3代藩主・前田利常《としつね》が次男の利次に富山を分与し、1639年に設立した。石高は10万石だが、あくまで宗家を守るための支藩に過ぎない。すべて金沢藩にならい、独自色など打ち出したらとんでもないことになる。その典型が12代利声《としたか》だ。

大火や地震災害が重なり、江戸後期になると富山藩の財政も苦しくなった。利声は宗家に内緒で、飛騨高山5万石を藩領に組み入れるために、江戸詰め家老の富田兵《ひょう》部《ぶ》に幕閣中枢に働きかけるよう命じた。ところがこの動きが宗家に発覚。利声は隠居に追い込まれ、兵部は詰め腹を切らされた。利声に代わって藩主に就いたのは、宗家から送り込まれた利同《としあつ》だった。同時に藩を監視する家老も金沢藩は派遣してきた。

大沢野の開墾では、用水が金沢藩領を通ることが判明し、工事を中断せざるを得なかった。また宗家に追随するばかりの家老を暗殺した島田勝摩《かつま》は、司法権を奪われ金沢藩の手で裁かれた。支藩とはいかに辛い立場か。富山藩を見ていると理解できる。

金沢《かなざわ》（加賀《かが》）藩〈石川県〉

大名家＝前田家　石高＝102万5000石
大名種別＝外様　城・陣屋＝金沢城
所在地＝石川県金沢市

藩乗っ取りを画策した大槻伝蔵《おおつきでんぞう》は稀代の悪人？

全国で最大の石高を誇り、「加賀百万石」ともてはやされた。半面、大きいというのは厄介なものだ。徳川からたびたび謀反を疑われ、関ケ原合戦の前には、藩祖前田利家の正室で、2代利長の生母（まつ）を人質として江戸に送られた。

3代利常《としつね》のときにも「寛永の危機」と呼ばれる深刻な事態を迎えた。火事で焼けた城の一部を改修したことが逆心の証しとされたのだ。利常は平身低頭で幕府に弁明し、これ以降、凡庸を装うために故意に鼻毛を伸ばし始めた。家臣から鼻毛を咎《とが》められたとき、この鼻毛でお前たちは生活できているといい返したという。

5代綱紀《つなのり》が書画や陶器、蒔絵など美術品を大量に収集し、熱心に文化振興に努めたのも、戦意がないことを示すため。焼き物や象嵌《ぞうがん》、漆器、金箔押しといった優れた伝統工芸が金沢に伝わるのは、綱紀が行った恭順政策の結果ともいえる。

金沢藩といえば、「加賀騒動」で知られる。「伊達騒動」（仙台藩）、「黒田騒動」（福岡藩)、「仙石騒動」(出石《いずし》藩)と並ぶ、江戸期を代表するお家騒動の一つだ。

綱紀の美術品大量購入で、さしもの金沢藩も財政悪化に陥った。6代吉徳《よしのり》は、身分は低いが聡明な大槻伝蔵を起用して藩政改革にあたらせた。改革は順調に推移し、それにともなって伝蔵の家禄も上げられ、ついには家老並みの禄を与えられた。

いつの世も、成り上がり者に対する風当たりは強い。前田直躬《なおみ》を中心にした重臣たちから、改革を批判する声が上がり始めた。もちろんやっかみである。同時に、既得権を奪われることに対する危機感も守旧派にはあった。やがて吉徳・伝蔵派と直躬派が藩を揺るがす抗争を繰り広げる事態に至った。そんな折、吉徳が1745年に没する。後ろ盾を失った伝蔵はその2年後、直躬によって越中五箇山に配流された。

ところで、伝蔵が流罪になる前年、藩を直撃する別の重大な問題がもち上がった。7代藩主に就いた宗辰《むねとき》がわずか在封1年半、22歳という若さで急死したのだ。後継も定めていないので幕府の介入は必至だった。金沢藩は宗辰の異母弟重熙《しげひろ》の擁立を急遽決め、宗辰の死を伏して時間を稼ぎ、その間に将軍に目通りさせるなど相続に不可欠な手続きを踏ませ、重熙を8代藩主に据えた。

幕府の目をあざむくことには成功したが、1748年、江戸藩邸で藩主重熙が毒殺されそうになる事件が起きる。犯人は前々藩主吉徳の側室である真如院《しんにょいん》で、自分の子利和《としかず》を藩主に就けるためだったという。

事件後、流罪になっている伝蔵から真如院に宛てた手紙が見つかり、毒殺は伝蔵の指示だったことが判明。伝蔵は自害し、真如院は幽閉先で亡くなったとされる。

以上が伝えられている「加賀騒動」の概略だ。歌舞伎や講談では、大槻伝蔵は真如院と不義密通を重ね、吉徳、宗辰を殺し、真如院に産ませた我が子利和を藩主に擁立して、藩を乗っ取ろうとした極悪非道の人物として描かれる。

しかし、実は毒殺未遂事件の真相はあいまいで、伝蔵と真如院の関係も定かでない。それどころか、今では真如院の子・利和を後継者候補から外すための直躬の策謀だったとする説が有力になっている。となれば、濡れ衣を着せられたまま、伝蔵も真如院も口封じのために消されたのではないか。「加賀騒動」の闇はぞっとするほど深い。

さて、最後の藩主になったのは14代慶寧《よしやす》だった。慶寧は長州藩にシンパシーを抱く尊王主義者で、長州藩が失地回復のために京都に攻め上った「禁門の変」では、御所警備をさぼって帰藩。そのせいで蟄居を命じられ、家老も切腹した。これが仇となり、戊辰戦争では佐幕派に転向。新政府軍から莫大な戦費をむしり取られたのである。

●大聖寺《だいしょうじ》藩　前田家　10万石　外様　大聖寺陣屋　石川県加賀市

金沢藩3代藩主・前田利常が、3男利治に大聖寺の領土を分与し支藩とした。早逝する藩主が多く、そのたびに宗家金沢藩から養子を迎えた。同じく支藩の富山藩同様に藩運営では独自色を禁じられ、窮屈な思いを抱えたまま江戸期を過ごした。

丸岡藩《まるおか》〈福井県〉

大名家＝有馬家　石高＝5万石
大名種別＝外様　城・陣屋＝丸岡城
所在地＝福井県坂井市

押し込めた藩主が復活し家臣を粛正「越丸騒動」

本多成重《なりしげ》は幸運のもち主だ。成重は福井藩主松平忠直《ただなお》の付家老《つけがろう》（幕府が派遣する目付け役）となり、福井藩領だった丸岡に居所を置いた。1623年に忠直が配流されると、クビになると思いきや、藩に昇格した丸岡を丸ごともらえたのである。3000石の旗本だった成重は、いきなり4万6000石の大名になれた。

そんな幸運を本多家4代の重益《しげます》は使い切った。重益は酒と女に溺れて政治に関心を示さない。それをいいことに家老の本多織部らは藩政を牛耳り、不正蓄財を重ねた。

立ち上がったのが太田又八だった。老中の大久保忠朝《ただとも》に訴え出て、1680年、織部らを藩から追放する。クーデターに成功した又八は、家老に昇格して実権を握った。さらに1689年、改心しない重益を病気と称して押し込めた。

藩主を幽閉する押し込めは、仙台藩伊達綱宗《つなむね》、岡崎藩水野忠辰《ただとき》の例もある。暗愚を理由に幕府から改易されるのを防ぐ、家臣がとる非常手段だった。

一方、藩から追われた織部一味も暗躍を開始。重益の押し込め解除と自分たちの復権を幕閣に働きかけ、１６９３年に工作は実を結んだ。

表舞台にもどった重益と織部は、又八派の弾圧に乗り出す。又八は獄につながれ、抗議のために食を断って餓死。また多くの又八の関係者は追及を逃れるため脱藩した。騒動に幕府が腰を上げた。１６９５年、重益は除封、綾部は切腹を申し付けられ、15年余続いた「越丸（越前丸岡の略）騒動」は本多家改易で終焉したのである。

同年、糸魚川から有馬清純《きよすみ》が5万石で丸岡に入った。清純は宮崎の延岡藩時代に悪政を敷いて一揆を招き、糸魚川に飛ばされた苦い経験をもつ。その反省から丸岡では穏当な姿勢で統治にあたった。結局、明治まで有馬家が丸岡を治めることになるが、清純の教訓は生かされず、5代誉純《しげすみ》の時代には重税を課して一揆を招き騒動になった。とはいえ、江戸後期には全国で一揆が頻発し、誉純の責任は問われることはなかった。

清純の有馬家は久留米藩有馬家とは系統が異なり、キリシタン大名として知られる有馬晴信の系譜だ。晴信は日野江《ひのえ》藩（長崎県南島原市）の藩主だったが、本多正純《まさずみ》の家来岡本大八にだまされ、甲斐に流されて自害した。本来なら有馬家は断絶だが、嫡男直純の妻が徳川家康の曾孫国姫だったため、特別に許され大名として存続できた。

有馬家はこの国姫の流れを強調し、幕府から準譜代待遇を勝ち取る。5代誉純は若年寄に就き、最後の藩主となった8代道純《みちすみ》は幕末の混乱期に老中を務めている。

福《ふ》井《い》藩〈福井県〉

大名家＝松平（越前）家　石高＝32万石
大名種別＝親藩　城・陣屋＝福井城
所在地＝福井県福井市

悲惨な末路をたどった家康次男の後継者たち

関ケ原合戦の翌年（1601年）、かつて柴田勝家が支配した福井に、徳川家康は次男の結城秀康《ひでやす》を封じた。徳川御三家に次ぐ家格の松平（越前）家の誕生である。

勇猛果敢な秀康に金沢藩前田家への抑えを託したとされるが、すでに家康は3男秀忠を後継者に定めていた。後に上越に送られる6男忠輝《ただてる》同様、将来秀忠の目の上のコブになるだろう厄介者を、中央から遠ざけたといったあたりが真相だろう。

秀康は不遇の人である。家康の嫡男信康《のぶやす》が家康によって1579年に切腹させられた後、徳川家の長子は秀康だった。ところが家康は秀康に家督を譲らなかった。

豊臣秀吉のもとに人質に出され、秀吉に気に入られて豊臣家の養子になった。秀吉の命で関東の名族結城家の家督を継がされたことが、継嗣リストから外された表向きの理由だが、それ以前に家康に疎まれていたことが大きい。3歳になるまで家康から対面を許されず、会った際には面構えが鯰のように醜いと顔を背けられた。

嫌われたのは、秀康が双子で生まれたからだとする説もある。当時、双子は忌み嫌われていた。ちなみに双子の片割れは、生母於万《おまん》の方の実家永見《ながみ》家に引き取られ、永見貞愛《さだちか》を名乗っていたが、1604年に亡くなったという。

家康の子のなかで一番の猛将だった秀康だが、1607年に34歳の若さで病死した。福井藩を相続したのは嫡男の忠直《ただなお》で、わずか13歳だった。

大藩に若殿様とくれば、お約束なのが家内騒動だ。1612年、膨大な数の死者を出す「越前（久世）騒動」が勃発した。

発端は久世但馬《たじま》と岡部自休《じきゅう》の諍《いさか》いだったが、それぞれのボス、主席家老の本多富正《とみまさ》と次席家老・今村盛次の抗争へと発展。両派が暗闘を繰り広げるなか、今村が久世但馬一族100余名を殺害するという非常事態を迎えた。孫が絡んだ騒動とあって家康が直々に乗り出し、今村派全員を死刑ないし流罪にするという裁定を下した。通常なら忠直も改易処分を食らうのが相場だが、家康の孫とあって不問にふされた。

忠直の人生の歯車が狂い出すのは、大坂夏の陣（1615年）からである。苦戦する友軍を見殺しにしたことで家康から叱責を浴びた忠直は、それを発奮材料に、真田信繁（幸村）ほか大坂方の首級3753をあげ、徳川で一番の活躍を見せた。

ところが殊勲に対して家康が与えた褒美は、「初花の茶入れ」という茶道具一つだけ。忠直の憤懣が爆発した。「父秀康は大御所様（家康）の長子として将軍になっていたはず。自分はその嫡男であり、もっと優遇されてしかるべき」――。

以後、反抗的態度が顕著になり、1618年には参勤交代をしなかった。本来ならば自分が将軍という無念がそこに滲む。さらに酒色に溺れ、多数の妾を抱えた。忠直の乱行はエスカレートしていく。祖母於万の方の系譜につながる永見家の未亡人を側室にしようと画策し、失敗すると永見一族を根絶やしにした。

当然、正室の勝姫（将軍秀忠3女）とは不和になる。そして勝姫を殺そうとしたことが発覚し、幕府も配流という決定を下さざるを得なくなった。1623年、29歳の忠直は九州府内藩（大分市）にお預けの身とされた。

忠直の後釜には、高田藩主だった弟の忠昌《ただまさ》が50万石で据えられた。代わりに高田に配されたのは忠直嫡男の光長《みつなが》だった。ちなみに、この光長も高田藩でお家騒動を起こして四国松山に流された。将軍になれなかった結城秀康の嫡流は、まるで祟られたかのような末路を迎えたのである。

しかし松平（越前）家の騒動は収まらなかった。忠昌を継いだ光通《みつみち》は、正室に内緒で侍女を孕ませたことで夫婦仲が悪くなる。正室が自害し、本人も命を絶った。

藩主が自殺する異常事態のなか、後継をめぐって騒動が起きた。光通は弟昌親《まさちか》の襲封を遺言したが、それに対し光通の庶兄（側室が産んだ兄）の昌勝が、自分の子どもの綱昌を藩主に就けろと横槍を入れてきたのだ。昌親派と綱昌派で藩は大揺れした。

すったもんだの末に藩主になった昌親は、騒動を鎮めるために2年後に隠居し、綱昌に藩主を譲った。この配慮をムダにしたのが綱昌だった。政治に無関心で、気に入らない側近を殺害してしまう暗愚。江戸城登城をさぼったことで幕府が問題視し、福井藩を没収して石高を25万石に減らしたうえで、前藩主の昌親に藩を与えた。

福井はつくづく藩主に恵まれない藩だ。12代重富《しげとみ》は悪政で越前大一揆（1768年）を招いたし、その子13代治好《はるよし》は藩財政が逼迫するなか遊興に明け暮れた。ちなみに、この治好のとき、32万石まで石高をもどすことができた。

この藩で名君といえるのは、16代の慶永《よしなが》（引退後、春嶽《しゅんがく》）くらいだ。慶永は徳川御三卿の田安家から養子に入ったが、90万両にまで膨れ上がった藩の借財を返済するため、中根雪江《せっこう》や下級藩士由利公正《ゆりきみまさ》を起用し、財政再建に道筋をつけた。

一方で、橋本佐内や熊本から招聘《しょうへい》した横井小楠《しょうなん》の意見を取り入れ、開国論者となる。とはいえ親藩の慶永には幕政に参加する権限がない。そこで外様の薩摩藩主島津斉彬《なりあきら》、宇和島藩主伊達《だて》宗城《むねなり》、土佐藩主山内豊信《とよしげ》（容堂《ようどう》）と図って政治参加を求めたが、14代将軍に一橋慶喜《よしのぶ》を担いだことで大老井伊直弼《なおすけ》に敗れ隠居を強いられた。

1862年に復権し、幕政トップの政事総裁職に就く。幕政改革に邁進するが、慶喜に翻弄され結果を残すことはできなかった。大政奉還後には新政府に参画。大蔵卿などの要職を歴任したが、政府内のごたごたに嫌気がさし、明治3年に政界を退いた。

小《お》浜《ばま》藩〈福井県〉

大名家＝酒井家　石高＝10万3000石
大名種別＝譜代　城・陣屋＝小浜城
所在地＝福井県小浜市

「安政の大獄」を呼び込んだ過激尊攘派の梅田雲浜《うんぴん》

関ケ原合戦後、京極高次が入り小浜城を築いた。その子忠高が松江に転封になると、1634年に譜代名門雅楽頭《うたのかみ》系の酒井忠勝が封じられた。忠勝は老中として将軍家光を支え、やがて大老にまで出世した。以降、酒井家14代が小浜を統治する。

12代忠義《ただあき》は朝廷と幕府をつなぐ京都所司代を務めたが、もてあましたのが過激な建白をする攘夷論者の梅田雲浜だった。忠義は雲浜の藩籍を剥奪して藩を追い出した。

京に出た雲浜は長州藩の吉田松陰ほか各地の同志を糾合し、痛烈な幕政批判を始めた。外国船の襲撃計画を立てるなどテロ行為をいとわず、尊王志士が過激化したのは雲浜の影響が大きい。尊攘運動を語るうえでは欠かせない人物だ。

孝明天皇が日米修好通商条約に勅許を与えなかったのは、雲浜らの工作によるものだったという。大老井伊直弼《なおすけ》が条約調印を強行すると、雲浜は朝廷に働きかけ、水戸藩に幕政改革を命じる戊午《ぼご》の密勅を出させた。これに怒った直弼が雲浜一派を捕縛し、雲浜の関係者を処罰していったのが「安政の大獄」の端緒となった。

雲浜を捕縛したのは忠義だった。忠義は井伊直弼の腹心として、条約勅許問題に奔走した。一方、自分に仕えた雲浜は敵対する陣営の中心的人物になっていた。因縁めいた話である。雲浜は1858年に獄死した。病気とも拷問死だったともされる。

忠義もその後、波乱の人生をたどる。井伊直弼が暗殺された桜田門外の変（1860年）の後には幕閣中枢として公武合体を進めたが、その2年後、老中安藤信正が坂下門外で水戸浪士に襲撃されると、一転して公武合体を主張してきた忠義に対する風当たりは強くなった。京都所司代を解任され、藩主の座も追われた。

新藩主の忠氏《ただうじ》は、1868年の鳥羽伏見の戦いでは幕府軍の一角を担ったが、敗戦により降伏。責任を取らされて隠居し、結局、前藩主の忠義が再封されたのだった。かくして忠義が最後の殿様になり、譜代名門小浜藩の歴史は閉じられた。

●敦賀《つるが》（鞠山《まりやま》）藩　酒井家　1万石　譜代　鞠山陣屋　福井県敦賀市

豊臣時代には、関ケ原合戦で戦死した大谷吉継《よしつぐ》が統治した。1682年、小浜藩主酒井忠直が次男の忠稠《ただしげ》に領地を与え立藩させた。5年後には鞠山に陣屋を構える。小浜藩の支藩だが、譜代名門の血筋とあって、藩主はしばしば幕閣に取り立てられた。

筑波山で挙兵した、水戸藩を追われた尊攘派からなる水戸天狗党が、各地で戦闘を重ねた末に敦賀で幕府に投降。1865年、352名がこの地で斬首されている。

〈福井県にあった藩〉

勝山《かつやま》藩　小笠原家　2万3000石　譜代　勝山城　福井県勝山市

松平（越前）家の統治を経て、1691年に小笠原貞信が封じられて明治まで8代が続いた。勝山藩小笠原家は、小倉藩や唐津藩の小笠原家とはルーツ（山梨県南アルプス市の小笠原）を同じくするが、戦国時代に分かれて別系統をたどったものだ。

大野《おおの》藩　土井家　4万石　譜代　大野城　福井県大野市

1682年に土井利房《としふさ》が封じられ、土井家が8代治めた。7代利忠は生糸や絹布、煙草、麻などの物産振興に努め、全国に「大野屋」という直営の販売店を設けて利益を上げた。改革に失敗する藩がほとんどのなか、当藩は数少ない成功例の一つだ。

鯖江《さばえ》藩　間部家　4万石　譜代　鯖江陣屋　福井県鯖江市

1720年に間部《まなべ》詮房《あきふさ》の弟詮言《あきこと》が立藩した。7代詮勝《あきかつ》は大老井伊直弼《なおすけ》のもとで老中を務め、日米修好通商条約の締結に尽力。吉田松陰から暗殺の標的にされた。やがて「安政の大獄」の責任を取らされて藩主を追われるなど、時代の波に翻弄された。

松代藩《まつしろ》〈長野県〉

大名家＝真田家　石高＝10万石
大名種別＝外様　城・陣屋＝松代城
所在地＝長野県長野市

90歳になっても藩主をさせられていた真田信之《のぶゆき》

武田信玄と上杉謙信が戦った川中島（松代）に、1622年、真田信之が上田から転封してきた。上田は父昌幸《まさゆき》が開いた地だ。去るのは無念だったが外様に抗う権利はない。まして父は徳川家康に2度も歯向かい、弟信繁《のぶしげ》（幸村）は大坂夏の陣で家康を自害寸前にまで追い込んだ経緯もあった。拒否すれば即、改易である。

知略をめぐらせた父とは真逆で、誠実で律義者だった信之は人望があった。代々の将軍にも愛され、なかなか隠居を認めてもらえなかった。ようやく許されたのは1656年、91歳のときだ。嫡男信吉《のぶよし》が没していたため、次男の信政を支藩だった沼田から呼びもどし、松代藩真田家2代藩主に就けた。

しかし藩主襲封を待たされ続けた信政が、在任1年半で没する。信之は信政の嫡男で、わずか2歳の幸道《ゆきみち》を後継に指名した。

これに猛烈に抗議したのが、信吉の子で沼田藩主だった信利《のぶとし》（信直とも）だった。

1658年、自分が信之の長男の血統だと、幕府に松代藩相続を訴え出た。たしかに幸道は次男の系譜である。幕閣まで巻き込んだ騒動に発展した。

裁定の末、幕府は幸道を選んだ。信之が信利を避けたのは側室の子という理由とともに、その性格を問題にしたからだった。結局、この信之の不肖の孫は、傲慢さから1681年に沼田真田家を滅ぼすことになる（沼田藩参照）。なお、信利騒動の最中、信之が亡くなった。享年93。多くの領民が嘆き悲しんだという。

幸道の治世は69年に及ぶが、幕府が次々と押し付ける普請事業にあえぎ、外様の悲哀を味わうことになった。江戸城修築に日光普請、善行寺再建に東海道改修。信之が遺してくれた27万両を使い果たし、松代藩は財政悪化の坂道を転げ落ちていった。

歴代の藩主も財政再建策を打ち出すが、改革はすべて裏目に出て、100万両（300億円）の大借金を残して明治を迎えたのである。

さて、松代藩が生んだ偉人といえば佐久間象山《しょうざん》だ。8代幸貫《ゆきつら》（養子＝老中松平定信の次男）に抜擢された象山は、江戸に出て蘭学や西洋兵学を学んだ。やがて開国論の立場から幕府に数々の重要な建白をなす。さらに江戸深川に私塾を開き、そこで学んだのが勝海舟、橋本佐内《さない》、吉田松陰、坂本龍馬、河井継之助《つぎのすけ》、山本覚馬らだった。

一橋慶喜《よしのぶ》に招かれて京に赴くが、1864年、尊攘派の志士によって暗殺された。生きていれば幕末維新の羅針盤になった偉才だけに、志半ばの死が惜しまれる。

上田《うえだ》藩〈長野県〉

大名家＝松平（藤井）家　石高＝5万3000石
大名種別＝譜代　城・陣屋＝上田城
所在地＝長野県上田市

徳川家康に2度も煮え湯を飲ませた真田昌幸《まさゆき》

新潟の上杉景勝《かげかつ》への抑えだと主張し、真田昌幸は徳川家康に資金と人員を提供させて上田城を築いた。ところが真田領だった沼田を家康が北条氏政《うじまさ》に与えようとしたため、昌幸は景勝に寝返る。激怒した家康は1585年、7000の兵を上田に送った。昌幸は籠城しながら長男信之《のぶゆき》、次男信繁《のぶしげ》（幸村）と奇手を尽くして戦い、手勢1200で撃退する。自分が造営した城で負けた家康は、顔に泥を塗られた格好だ。

昌幸が再び家康を翻弄したのは、1600年のこと。関ケ原に向かう徳川秀忠率いる徳川主力軍を上田にくぎ付けにした。秀忠軍は合戦に遅参し、家康は外様の力を借りて戦うことになり、戦後、自分の譜代を西国に送り込めなかったのである。

2度も煮え湯を飲まされた家康は、昌幸を死罪にしようとしたが、東軍についた信之の必死の嘆願で減刑され、信繁とともに和歌山県九度山《くどやま》に配流された。豊臣秀吉に稀代のくわせものといわしめた昌幸は、1611年に九度山で没する。

上田を与えられた信之だが、大坂の陣で弟信繁が家康を追い詰めたことで再び窮地に立つ。家康、秀忠からの信頼が揺らぐことはなく、今度も家名存続が許された。そんな信之も1622年に松代に封じられ、隣藩小諸から仙石《せんごく》忠政が移ってきた。領民は真田家を慕い、仙石の入封に抵抗したという。

仙石家3代の政明が1706年に兵庫県出石《いずし》に転封すると、代わりに出石からきたのが松平（藤井）忠周《ただちか》だった。以後、松平（藤井）が治め、上田も譜代藩になる。

京都所司代、老中など幕府重職を歴任し、家名を高めた忠周だが、家督を継いだ嫡男忠愛《ただざね》は典型的な暗君だった。側室は15人で、江戸に出ると吉原の遊郭に入り浸った。城下で大火が起きても意に介さず、千曲川が氾濫して家屋が多数流失し、死者が200人出ても遊び呆けるばかり。押し込めに近い形で隠居させられた。

暗君のもとでは家臣のモラルも低下する。賄賂を取るなど役人の不正が横行し、積もり積もった領民の鬱憤が爆発したのが3代忠順《ただより》のときだった。1761年、全藩挙げての大一揆「宝暦騒動」が勃発する。農民のあまりの勢いに押され、忠順は年貢減免や役人・庄屋の不正停止の要求などを丸呑みさせられたのである。

さて6代藩主忠優《ただます》は、幕末史を飾る重要人物だ。姫路藩酒井家から養子に入った忠優は、酒井家の力を背景に37歳の若さで老中に就任した。

開明派の忠優は、攘夷強硬論の水戸藩主徳川斉昭と対立する。日米和親条約を締結したことで、斉昭の暗躍によって1855年、老中を罷免された。しかし2年後、同じ開国派の堀田正睦《まさよし》が呼びもどし、忠優は忠固《ただかた》と改名して老中に復帰する。井伊直弼《なおすけ》を大老に就任させ、朝廷からの勅許を不要と主張。日米修好通商条約の調印に邁進した。日米修好通商条約締結を主導したのは、直弼ではなくこの忠固である。

無勅許調印に対する批判が高まると、直弼は忠固に責任を負わせ老中を辞職させた。その翌年の1859年、忠固は急逝する。病とされたが暗殺説も根強い。

忠固の嫡男忠礼《ただなり》が最後の藩主になって明治を迎えた。1869年に年貢減免などを要求した大一揆が起こり、この騒動のなか上田藩は瓦解して実質的に消滅した。

そんなこともあり、上田では松平（藤井）家は不評で、真田に寄せる思いが強い。本丸跡にあった松平（藤井）家を祀る松平《しょうへい》神社も、今では真田神社になっている。

ところで、最近、幕末の偉才として注目を集めているのが赤松小三郎だ。上田藩士の家に生まれ、若くして江戸に出て勝海舟に師事した。長崎海軍伝習所で兵学や蘭学を学び、京都で英国式兵学の塾を開くと、各藩から多数の門下生が集まった。

小三郎の主張は二院制による議会制民主主義の導入で、幕政トップ、政事総裁職を務めた松平春嶽《しゅんがく》（前福井藩主）にこれを建白。坂本龍馬の「新政府綱領八策」よりも先をいっていた。だが大政奉還直前に薩摩藩士によって暗殺された。知名度は低いが、最先端を走っていた小三郎。間違いなく幕末を代表する開明派の一人である。

松本藩《まつもと》〈長野県〉

大名家＝松平（戸田）家　石高＝6万石
大名種別＝譜代　城・陣屋＝松本城
所在地＝長野県松本市

水野家の改易は一揆で処刑した加助の祟り!?

北アルプスを背にして立つ国宝松本城は勇壮だ。関東に封じ込めた徳川家康を牽制するため、豊臣秀吉が石川数正《かずまさ》・康長《やすなが》父子に築かせたものである。数正が入部した1590年に築城を始め、康長に代替わりした4年後に天守が完成したという。

数正は家康が今川家の人質だった頃から仕え、徳川家の家老だった重臣。秀吉と交渉を重ねるうちに取り込まれ、家康を裏切って豊臣に走った。秀吉得意の主君と有力家臣を引き離す「離間策《りかんさく》」にはまった一人といえる。

家康と数正は離反後も密かに通じていたという説もあるが、堀は鉄砲の弾が届かない広さでつくられ、先を尖らせた無数の杭が堀の水中に仕込まれていた。戦闘を強く意識した松本城の仕掛けからすると、家康と数正の内通説には首を傾げたくなる。

開府後、家康・秀忠は徳川包囲網を構成していた関東周辺の大名を次々譜代に置き換えていくが、石川家を潰す機会は1613年に訪れた。この年4月に幕府直轄地の代官だった大久保長安《ながやす》が没し、家康は不正蓄財の罪で長安の墓を暴き、遺骸を掘り起こして晒し首にした。そして長安の嫡男に娘を嫁がせ、長安の幕府転覆計画に加担したとして、康長を領地没収のうえ流刑に処したのだ。ちなみに長安事件は拡大し、小田原藩大久保忠隣《ただちか》や館山藩里見忠義の改易にも発展していった。

石川家を追い払った家康は、父の代まで松本を領していた譜代の小笠原秀政を送り込んだ。その後、松平（戸田）、松平（越前）、堀田家を経て、1642年に入封したのが水野忠清《ただきよ》だった。水野家は家康生母・於大《おだい》の方の実家である。

水野6代が松本を領するが、3代忠直《ただなお》のときに事件が起きた。財政悪化のために過酷な年貢を取り立て、領民たちが年貢減免を求めて城下に押しかけた。藩は首謀者として多田加助らを磔刑《たっけい》にした。その際、奇妙な話が伝わっている。絶命直前の加助が目を見開いて城の方向をにらむと、松本城の天守がぐらりと傾いたという。

また6代忠恒《ただつね》は1725年、乱心から江戸城内で長府藩主の毛利師就《もろなり》に斬りかかった。水野家は断絶となり、領民は加助の祟りと噂した。とはいえ、水野家は徳川の外戚家だけに、3代忠直の子に忠恒の家督を継がせ、別に領地を与えて家名を存続させた。

水野の後釜に据えられたのが松平（戸田）光慈《みつちか》で、光慈の系譜が明治まで統治する。最後の藩主9代光則《みつさだ》は譜代として佐幕路線を取っていたが、鳥羽伏見の戦い後は謹慎して恭順。戊辰戦争では新政府軍に藩兵を派遣し廃藩置県まで家名をつないだ。

高島《たかしま》（諏訪《すわ》）藩〈長野県〉

大名家＝諏訪家　石高＝3万石
大名種別＝譜代　城・陣屋＝高島城
所在地＝長野県諏訪市

家老が権力闘争を繰り広げた「二の丸騒動」

諏訪地方は、諏訪大社の祭神建御名方命《たけみなかたのみこと》の後裔という諏訪氏が古代から君臨してきた。１５９０年、豊臣秀吉は徳川家康を関東に封じると、家康包囲網の一環として徳川譜代の諏訪頼忠を諏訪から追い、豊臣家臣の日根野高吉《たかよし》を送り込んだ。

領民は外来領主の高吉に反発。高吉が諏訪氏の居城だった金子城を廃棄して諏訪湖畔に高島城に築き始めると、激しい抵抗を見せた。かつて城の発掘調査で多数の人骨が発見されたが、このとき反抗した領民を人柱として埋めたものだという。

関ケ原合戦の翌々年の１６０２年、諏訪頼水《よりみず》が家康によって諏訪にもどされた。頼水は日根野が課した重税で荒廃した諏訪を立ち直らせるため、古代から諏訪大社の神域として立ち入り禁止だった、八ヶ岳西麓に広がる広大な神野《こうや》を新田として開発。さらに掘削路を設けることで諏訪湖の水位を下げ、水田耕作地を増やした。

頼水の姿勢を継承し、代々の藩主は善政に努めたが、５代忠林《ただとき》、６代忠厚《ただあつ》と病弱な藩主が続いたことで家内に乱れが生じた。「二の丸騒動」の勃発である。

高島藩には、城の二の丸に居を構える諏訪一族の二の丸家と、三の丸に住む千野家という二つの家老家が併存していた。優位に立っていたのは千野家で、病気で政務に就けない忠厚に代わり、千野兵庫《ひょうご》が藩政を仕切った。

兵庫は財政悪化にともない農政改革を進めたが、農民には不評だった。劣勢を挽回したい二の丸家の諏訪大助は、1770年、これを好機と攻勢に出て、兵庫を引きずり降ろすことに成功。二の丸家の専制を確立した。しかし大助の政治も評判が悪く、江戸で療養する忠厚に兵庫が訴え出て、大助を追い落とし千野家が復活した。

忠厚には長男軍次郎と次男鶴蔵という子どもがいた。忠厚は溺愛する鶴蔵を次期藩主に就けようとし、兵庫は軍次郎を推した。この対立をチャンスと見た大助は忠厚に取り入り、兵庫に謀反の罪を着せて失脚に追い込んだ。

家老の座を大助に奪われた兵庫も反撃に転じた。忠厚の妹婿、西尾藩主の松平乗寛《のりひろ》に働きかけ、1781年、忠厚の隠居と軍次郎の襲封、大助の切腹を勝ち取ったのだ。11年間にも及ぶ二つの家老家の暗闘は、千野家の勝利で終止符が打たれた。

事件といえばこの「二の丸騒動」くらいで、藩主と領民の関係が良好だったため、諏訪では一揆も起きなかった。明治4年の廃藩置県で諏訪家が東京に移る際、永住を望む領民が反対運動を展開したほどだ。これほど愛された領主家もそうはないだろう。

高遠藩《たかとお》〈長野県〉

大名家＝内藤家　石高＝3万3000石
大名種別＝譜代　城・陣屋＝高遠城
所在地＝長野県伊那市

鳥居家に突き付けられた2度目のレッドカード

関ケ原合戦後、高遠の旧領主だった保科家の正光《まさみつ》が千葉県多古から帰ってきた。正光は武田信玄の次女見性院《けんしょういん》から7歳の幸松《こうまつ》を預かった。幸松は2代将軍秀忠の隠し子で、故《ゆえ》あって見性院が養育していた。幸松は保科家の養子となり、正光が亡くなると正之《まさゆき》と名乗って保科家を相続し、高遠藩3万石の藩主についた。

1636年に弟の存在を知った3代将軍家光により、保科正之は山形藩20万石を経て、会津松平家の祖になった。やがて正之は4代将軍家綱を後見し、数々の優れた業績を残す。江戸時代を代表する政治家として評価は高い（会津藩参照）。

正之と交替で山形からきたのが鳥居忠春《ただはる》だった。石高を22万石から3万石に落としての懲罰的転封である。

忠春の祖父元忠は、関ケ原合戦の前哨戦となった伏見城の攻防で、籠城の末に壮絶な最期をとげた。家康は元忠の忠義に報いるため、子の忠政に山形22万石を与えた。

だが忠政の後継忠恒《ただつね》は病弱で継嗣がなく、死に臨んで戸沢家に養子に送った弟を呼びもどし家督を継がせると遺言したが、幕府はこれを認めなかった。本来なら取り潰しのところ、元忠の功績から忠恒の弟忠春に家名を存続させ高遠に移したのだ。

高遠藩主となった忠春は、山形復帰を願い忠勤に励んだ。しかし、それがムリとわかると怠け始める。悪政で多数の農民が他藩に逃散《ちょうさん》し、気に入らない家臣を次々手打ちにした。忠春は1663年、恨みを抱く侍医《じい》によって刺殺された。

父忠春の横死を受け、跡を継いだ忠則《ただのり》は慎重な政治を心がけたが、江戸城の警備をしていた家臣が持ち場を離れたことを咎《とが》められ、監督不行き届きで忠則に閉門の処分が下った。改易は必至だと悟った忠則は、先祖に申し開きができないと自死を選んだ。かくして山形に続き、鳥居家は高遠でも領地没収となったのである。

とはいえ譜代は恵まれている。2度も退場処分をくらったのに、幕府は忠則の子忠《ただ》英《てる》に1万石を与え、能登下村（石川県七尾市）で鳥居の家名を存続させた。

鳥居の後、1691年に封じられた内藤家も改易経験をもつ譜代だ。千葉の勝山で継嗣問題につまずき除封されていて、62年ぶりの大名復帰だった。内藤家は統治が下手で一揆をたびたび招いたが、なんとか明治まで高遠で家名をつないだ。

高遠は、大奥年寄だった絵島《えじま》が役者生島《いくしま》と密通（江島生島事件）したとの罪で配流された地である。絵島は没するまで28年、この山国で幽閉生活を送った。

〈長野県にあった藩〉

飯山《いいやま》藩

本多家　2万石　譜代　飯山城　長野県飯山市

大名の出入りが激しく、1717年に本多家が入りようやく定着。過酷な年貢取り立てのため、1773年の飯山総徒、1837年の浅野騒動ほか大一揆が頻発した。

須坂《すざか》藩

堀家　1万石　外様　須坂陣屋　長野県須坂市

堀直重《なおしげ》が大坂夏の陣の戦功で大名に取り立てられた。本来は外様だが直重が徳川秀忠に仕えたことで準譜代扱いになる。幕末の直虎《なおとら》は若年寄を務めたが、鳥羽伏見の戦いの直後に江戸城内で切腹した。徹底抗戦を主張し15代将軍徳川慶喜《よしのぶ》に拒否されたからだとされるが真相は不明。維新の混乱で自死した3人の藩主の一人だ。

田野口《たのくち》藩

松平（大給）家　1万6000石　譜代　龍岡城　長野県佐久市

奥殿（岡崎市）藩主で幕府の陸軍総裁だった松平（大給《おぎゅう》）乗謨《のりかた》が、幕末の1863年に飛び地の田野口に洋風の城を築いて藩庁を移した。城はフランス式の五稜郭要塞だったが、未完成のまま明治維新を迎えた。城の堀や外郭など遺構が残っている。

小諸藩《こもろ》　牧野家　1万5000石　譜代　小諸城　長野県小諸市

頻繁な大名の入転封の後、1702年に牧野家が入り明治まで続いた。牧野家9代の康哉《やすとし》は名君で、天然痘がはやると藩医を長崎に派遣して種痘施術を学ばせ、自らの娘で安全を確認し、全国に先駆け領民に施した。飢饉に備え支給米制度も整えている。

岩村田藩《いわむらだ》　内藤家　1万5000石　譜代　岩村田城　長野県佐久市

1702年に内藤正友が陣屋を置いた。6代正縄《まさつな》が幕府重職を歴任し、その功績で城がもてる城主格に出世。1863年に着工したが、城は完成せずに明治を迎えた。

飯田藩《いいだ》　堀家　1万5000石　外様　飯田城　長野県飯田市

堀親昌《ちかまさ》が1672年に入封し、堀家12代が明治まで治めた。江戸中期からは財政が逼迫し豪商が藩財政を握る。7代親長《ちかなが》のときに領民に金を積み立てさせて借り上げる「千人講」を始めた。ところが領民がサボタージュし、土地を召し上げると脅したことで一揆を呼び込んでしまった。講は廃止され関係した役人も罷免された。

10代親害《ちかしげ》は正室が老中水野忠邦《ただくに》の妹。忠邦の引きで外様ながら老中格に取り立てられ、「天保の改革」に参画した。だが忠邦失脚に連座して解任されている。

岩《いわ》村《むら》藩〈岐阜県〉

大名家＝松平（大給）家　石高＝3万石
大名種別＝譜代　城・陣屋＝岩村城
所在地＝岐阜県恵那市

艶《つや》の方の悲話を伝える三大山城の一つ岩村城

1600年に松平（大給《おぎゅう》）家が入り、丹羽家5代の後に再び松平（大給）家が封じられ、7代で明治に至った。この藩最大の事件は「山村騒動」だ。丹羽家5代の氏音《うじおと》は財政改革を山村瀬兵衛《せえべえ》に託したが、守旧派の抵抗に遭い瀬兵衛を追放して騒動を鎮めた。瀬兵衛が幕府に訴え事態は急変。1702年、守旧派多数に斬首や遠島など重罪が課せられ、氏音も石高を減らされて新潟の高柳（妙高市）に左遷された。

城山の山上に広がる岩村城は、日本三大山城の一つとして知られる。戦国後期、美貌の女城主がここにいた。織田信長の叔母艶の方は、夫遠山景任《かげとう》が病没すると、遠山家をまとめ武田への抑えとなる城を守っていた。武田家臣で敵将の秋山虎繁が彼女を見初め、彼女も虎繁が気に入った。信長を裏切って虎繁を城に迎え二人は結婚。岩村城は武田のものになった。幸せな生活は2年で終わった。怒り心頭の信長は岩村城を攻め、艶の方を逆さ磔にした。愛に殉じた女城主の悲話が岩村城の趣きを深めている。

郡上《ぐじょう》（八幡《はちまん》）藩〈岐阜県〉

大名家＝青山家　石高＝4万8000石
大名種別＝譜代　城・陣屋＝郡上八幡城
所在地＝岐阜県郡上市

4年続いた一揆は幕閣巻き込む疑獄事件に発展

関ケ原合戦後、遠藤家が旧領に復帰し、井上、金森を経て、青山家7代が明治まで続いた。郡上藩では「延宝騒動」と「郡上一揆（宝暦騒動）」という二つの大事件があり、ことに郡上一揆は幕府中枢に波及する疑獄事件へと拡大した。

遠藤家4代常春《つねはる》のときに起きたのが延宝騒動だ。発生当時、常春は11歳で江戸に暮らし、「藩主幼少で在藩せず」は騒動を誘発しやすいが、実際そのとおりになった。藩は財政難に直面し、1677年、増税によって局面を打開しようとした。これに農民たちが反発する。お家の一大事に発展しかねないと、国家老の遠藤杢助《もくすけ》が増税中止と藩士の俸禄カットを提案。常春を後見する大垣藩主戸田氏西《うじあき》も了承した。

今度は増税を推進してきた国家老の遠藤新左衛門らが黙っていない。杢助を暗殺しようと動き出す。すると杢之助を守ろうと領民600人が集結し、新左衛門派の藩士と一触即発になった。戸田氏西は杢助と新左衛門の家老職解任で収拾を図る。殺されかけた杢助がクビになるのは理不尽に思えるが、江戸時代は喧嘩両成敗が原則だ。

その後も杢助を支持する者と新左衛門派の対立はくすぶり、１６８３年、両派の関係者61人に藩追放などの処分を出すことで、ようやく騒動は沈静した。

郡上一揆も増税が発端だった。金森家2代頼錦《よりかね》は風流人で、趣味のために湯水のように金を使った。当然ながら財政は逼迫する。１７５４年、年貢の大幅アップを領民に通告した。領民は不満を爆発させ、団結して反対運動に突き進んだ。

藩は一揆の参加者を捕縛した。領民側も活動資金を集めて反抗姿勢を変えない。抵抗は長期に及び、首謀者が斬首されたことで、領民は江戸に人を送り目安箱に訴状を投げ込んだ。これにより幕府が乗り出す事態となった。

１７５８年、裁定が出る。頼錦は改易で、家老らには切腹や遠島。一揆を主導した農民14人にも死罪という重罰が下った。一揆で藩上層部が処断されるのは異例だ。

これに留まらず、賄賂をもらって一揆を秘し、郡上藩に便宜を図ったと老中本多正《まさ》珍《よし》、若年寄本多忠央《ただなか》らも罪を問われ失脚した。腐敗した幕閣中枢にメスを入れたのは9代将軍家重だった。暗愚とされる家重だが意外な名君ぶりを示したことになる。

領民が長期にわたって反抗した郡上一揆は、幕藩体制の根幹にかかわるもので、厳罰を科したのは危機感の表れだ。事件は江戸でも関心を集めたが、講談や読み本で顛末を取り上げた馬場文耕《ぶんこう》が獄門にかけられている。これも危機感ゆえといえるだろう。

大垣《おおがき》藩〈岐阜県〉

大名家＝戸田家　石高＝10万石
大名種別＝譜代　城・陣屋＝大垣城
所在地＝岐阜県大垣市

ひたすら財政難と戦い続けた「武功の家」戸田家

大垣は東海道や中山道などが通る要地で、幕府は中堅譜代を送り込んで固めようとしたが、石川家、松平（久松）家、岡部家らが定着できず、1635年に戸田氏鉄《うじかね》が入り、ようやく戸田家で大垣も落ち着いた。以降、11代が廃藩置県まで治める。

戸田家は「武功の家」として知られ、1637年の島原の乱では61歳の氏鉄も参陣を求められ、征討軍を率いて戦った。一方、氏鉄は藩政にも熱心に取り組み、新田開発を奨励して米の増産を図り、農民保護の政策も進めた。そんな名君の系譜だけに、バカ殿が一人も出なかったのは当然か。藩を揺るがす大騒動も起きてはいない。

しかし3代氏西《うじあき》の代から財政悪化が深刻になり、いかに克服するかが代々藩主の課題となった。倹約令の発布や家臣の俸禄削減でも対応できず、「武功の家」には屈辱となる、藩士解雇の大リストラを2度も余儀なくされた。打ち出した改革はことごとく実を結ばず、困窮にあえぎながら明治4（1871）年の廃藩置県を迎えた。

加《か》納《のう》藩〈岐阜県〉

大名家＝永井家　石高＝3万2000石
大名種別＝譜代　城・陣屋＝加納城
所在地＝岐阜県岐阜市

幕府から強制隠居させられた稀代のバカ殿様

関ケ原合戦後、徳川家康が自ら指揮を執り、大坂への抑えとして加納城を築いた。その城に家康長女亀姫の婿、奥平信昌を10万石で封じ加納藩が成立した。だが期待とは裏腹に、世継ぎの早逝で奥平家は3代で断絶。大久保、松平（戸田）を経て、幕府が送り込んだのが切れ者の安藤信友だった。信友はやがて老中に上り詰める。

安藤家が定着するかに見えた矢先、信友の家督を相続した信尹《のぶただ》が暗君で、酒色にふけり放蕩の限りを尽くす。さらに領民に重税を課し、一揆が起きても我関せず。派閥抗争も頻発し、困り果てた家老が藩主を幽閉する押し込めの非常手段に打って出た。

騒動を知った幕府は信尹を隠居させ、石高減で子の信成に家を継がせ、福島県の磐《いわ》城平《きたいら》に左遷した。なお、信成は父を反面教師に磐城平で善政に努めている。

明治まで治める永井家は3万2000石での入封で、奥平10万石の面影は今や昔だった。加納の地の地政学的重要度が喪失した結果といえるだろう。

高須藩《たかす》〈岐阜県〉

大名家＝松平（尾張）家　石高＝3万石
大名種別＝親藩　城・陣屋＝高須陣屋
所在地＝岐阜県海津市

幕末維新で袂を分かった高須4兄弟の邂逅

木曽三川の水害に嫌気がさして小笠原貞信《さだのぶ》が高須を放り出し、10年間の幕領の後、1700年、尾張藩2代徳川光友が次男義行《よしゆき》に3万石を与え、支藩をつくらせた。

高須藩といえば、幕末史を飾る「高須4兄弟」で知られる。10代義建《よしたつ》は子沢山で、次男慶勝《よしかつ》は尾張藩へ。6男容保《かたもり》は会津藩、8男定敬《さだあき》は桑名藩へとそれぞれ養子に送り藩主に就けさせた。5男茂徳《もちなが》も尾張藩主を経て御三卿の一橋家の当主になっている。

幕末の荒波が4人に数奇な運命をたどらせた。慶勝は御三家筆頭ながら尊王論に舵を切って薩長に近づき、大政奉還後には新政府の要職、議定に任じられた。一方、容保と定敬は佐幕の中心メンバーとなり、戊辰戦争では朝敵の汚名を着せられた。茂徳も尾張藩主時代、幕府寄りの姿勢を取ったため、前藩主慶勝と対立した経緯がある。

心にわだかまりをもつ4兄弟が、明治11（1878）年に和解の席を設けた。反目が氷解したかどうかは不明だが、兄弟で写真を撮り、食事をして語り合ったという。

〈岐阜県にあった藩〉

苗木藩《なえぎ》　遠山家　1万石　外様　苗木城　岐阜県中津川市

遠藤友政《ともまさ》は1583年、豊臣秀吉に背いて徳川家康に走り所領を没収された。雌伏を経て、関ケ原合戦では家康に与し、戦功で苗木領を回復した。1万石クラスは通常陣屋までだが、この功で城持ち大名の待遇を受けた。以降、遠藤家が明治まで治める。

高富藩《たかとみ》　本庄家　1万石　譜代　高富陣屋　岐阜県山県市

祖父が5代将軍綱吉の生母桂昌院《けいしょういん》の異母兄という縁から、本庄道章《みちあきら》が綱吉の小姓になり、桂昌院の支援を受け1705年に1万石の大名に取り立てられた。女性の引きで殿様になれた「蛍大名」の一人。極小藩のため代々の藩主は財政困窮に苦しんだ。

今尾藩《いまお》　竹腰家　3万石　譜代　今尾陣屋　岐阜県海津市

1619年、尾張藩付家老《つけがろう》（幕府が派遣したお目付け役）の竹腰正信《たけのこし》が今尾に居所を置いた。以降、竹腰家は9代にわたって尾張藩の付家老を務め、明治元年、10代正旧《まさもと》が新政府から大名に取り立てられて立藩。いわゆる「維新立藩」の一つだ。

沼津藩《ぬまづ》〈静岡県〉

大名家＝水野家　石高＝5万石
大名種別＝譜代　城・陣屋＝沼津城
所在地＝静岡県沼津市

大名に復活できた名門水野家が迎えたピンチ

長らく幕領だった沼津に、1777年に水野忠友が封じられた。水野家は徳川家康の生母於大《おだい》の方の家で、忠友はその名門の分家にあたる。しかし先々代の忠恒が江戸城内で長府藩主の毛利師就《もろなり》に斬りかかり、松本藩7万石を没収されていた。

旗本に降格した家格を上げようと、忠友が取った手段が飛ぶ鳥を落とす勢いの田沼意次《おきつぐ》への接近だった。派閥に入ることで大名（愛知県碧南市の大浜藩）に復帰し、若年寄にも取り立てられた。さらに関係を深めようと、意次の4男を婿養子に迎えると、これが奏功し石高増で沼津への転封となり、忠友は老中にまで栄進した。

意次が松平定信によって失脚させられると、意次の右腕だった忠友にも逆風が吹く。老中を解任された忠友は連座を恐れ、意次4男との養子縁組を解消し、定信に恭順することで凌いだ。ピンチを乗り切った水野家は沼津に定着でき、忠友の家督を相続した忠成《ただあきら》は老中首座となり、幕末の藩主忠誠《ただのぶ》もまた老中を務めている。

田中藩《たなか》〈静岡県〉

大名家＝本多家　石高＝4万石
大名種別＝譜代　城・陣屋＝田中城
所在地＝静岡県藤枝市

将軍綱吉から除封にされた名門酒井家の暴君

幕閣中枢への登竜門と位置付けられていたため、譜代大名が1代か2代で交替し、江戸中期に本多家が定着するまで11家が入転封を繰り広げた。

在封藩主は20人で、これだけいると問題児も出る。酒井忠能《ただよし》は兄が権勢を振るった大老酒井忠清《ただきよ》で、忠清の威を借りてやりたい放題。前任地の小諸では家や窓の広さ、家畜にまで税金を課し、払えないと容赦なく農具まで没収した。忠能が小諸を去るとき領民は大喜びしたという。兄が将軍綱吉によって失脚させられ、翌年の1681年に死亡すると、忠能は綱吉から改易に処せられた。自分の将軍就任に反対した忠清への意趣返しとも取れるが、日頃の悪行から忠能が嫌われ者だったのは事実だ。

本多家2代の正珍《まさよし》も郡上一揆を招いた金森家から賄賂をもらい、便宜を図ったとして老中を罷免され逼塞《ひっそく》刑を下された。通常ならば本多家は左遷だが、嫡男正共《まさとも》が家督を継いで田中藩に存続できた。結局、本多家が代をつないで明治に至った。

相良《さがら》藩〈静岡県〉

大名家＝田沼家　石高＝1万石
大名種別＝譜代　城・陣屋＝相良陣屋
所在地＝静岡県牧之原市

幕政に一時代を築いた田沼が見た天国と地獄

郡上一揆で改易された金森家に連座し、相良藩主で若年寄の本多忠央《ただなか》が1758年に除封されると、代わりに相良に入ったのが田沼意次《おきつぐ》だった。

意次は9代将軍家重《いえしげ》の意向を受けて郡上一揆の裁定に関与し、忠央が金森家から賄賂をもらったと断罪した張本人。相良から忠央を追放して後釜に座ったことになる。入封により5000石の旗本から晴れて1万石の大名になれた。意次にとって記念すべき年であり、この年から失脚するまでの約30年間を「田沼時代」と呼ぶ。

600石の旗本の家に生まれた意次は、将軍家重の小姓になることで栄進のきっかけをつかんだ。次の10代将軍家治《いえはる》にも重用され、老中に昇格して政治の実権を握る。石高も加増を重ねて相良で5万7000石になり、前例のない大出世をとげた。

意次の絶頂は1783年だった。嫡男意知《おきとも》が若年寄に就き、一族が幕府の要職を占めてこの世の春を謳歌した。屋敷には金品を持参して歓心を得ようとする幕臣や町人が列をなす。やがて政敵になる松平定信も、出世のために賄賂をたびたび贈った。

翌年、意知が江戸城内で旗本の佐野政言《まさこと》に私怨で斬り付けられ、傷がもとで亡くなると意次の権勢にほころびが出る。松平定信らが意次打倒に動き始めた。

そもそも意次と定信の経済政策は対極をなしていた。意次は商業資本を活用し、公認した株仲間から税を集め、貿易も促進して外貨を稼いだ。幕府による専売制も推進する。貨幣経済の導入に積極的な意次に対し、定信は祖父8代将軍吉宗にならい、米を中心にした旧来型の農本主義経済への復帰を目論んでいた。

1786年、将軍家治が急死した。吉宗はこれを好機と、後ろ盾を失った意次から老中職を剥奪した。それでも意次には築いてきた人脈があった。一橋治斉《はるさだ》と画策し、その子家斉《いえなり》を次期将軍に据え、後見して権力を維持する布石も打っていた。意次が巻き返そうとした矢先、一橋治斉が裏切った。意次派も崩されていき孤立無援になった。

意次は石高を1万石に減らされて隠居に追い込まれ、孫の意明《おきあき》が懲罰的に下村（福島市）に移された。翌年、意次は失意のうちに世を去った。まるで意次の痕跡を消し去るかのように、老中首座になった松平定信は相良城を破却した。

1823年、意次の4男意正《おきまさ》が許されて下村から相良に帰ってきた。田沼家3代で明治を迎える。さて、汚職にまみれた賄賂政治家として悪評高い意次だが、最近では近代経済の先駆者として、肯定的に受け止める見方が定着しつつあるようだ。

掛川藩《かけがわ》〈静岡県〉

大名家＝太田家　石高＝5万石
大名種別＝譜代　城・陣屋＝掛川城
所在地＝静岡県掛川市

山内一豊《やまうちかつとよ》が築いた名城に譜代大名11家が入転封

山内一豊が名城とされた掛川城を築くが、関ケ原合戦後、一豊が土佐に栄転し、以降、譜代が入転封を重ね、江戸中期に11家目の太田家が入り明治まで治めた。

大過なく転封した大名もいれば、お家の危機を迎えた殿様もいた。北条氏重は世継ぎに恵まれず、１６５１年に緩和された養子制度に期待したが、養子が認められる条件が50歳までで、そのとき氏重はすでに56歳。将軍家光の廟を城内に開設するなど幕府にゴマをすったものの、１６５８年に氏重が没すると北条家は除封になった。

井伊家3代の直朝《なおとも》は心の病のために改易され、井伊宗家から直矩《なおのり》が入り、減封のうえ与板（新潟県）に移された。通常なら取り潰しのところ、井伊家の威光でなんとか絶家を免れた。小笠原長恭《ながゆき》も福島の棚倉に左遷されたが、理由は東海地方を荒らした盗賊の日本左衛門の捕縛に熱心でなかったため。おかげで次の太田資俊《すけとし》は厳罰主義で臨み、軽微な罪でも打ち首などの極刑を科したため、「太田の三文首」と揶揄された。

横須賀藩《よこすか》〈静岡県〉

大名家＝西尾家　石高＝3万5000石
大名種別＝譜代　城・陣屋＝横須賀城
所在地＝静岡県掛川市

江戸城内で突如斬り殺された老中の井上正就《まさなり》

譜代が入れ替わり、1682年に封じられた5家目の西尾家が定着するという流れだが、3家目の井上時代に事件が起きた。1628年、老中を務める井上正就が江戸城内で殺されたのだ。正就の嫡男正利《まさとし》は幕府目付の豊島信満《のぶみつ》を仲人に、島田直時の娘と結婚することになっていた。ところが将軍家光の乳母春日局《かすがのつぼね》が鳥居家の娘との縁組をもちかけてきた。春日局に逆らえるわけもなく、島田家とは破談になった。

コケにされた直時に同情し、怒りを爆発させたのが仲人の豊島信満だ。武士の面目が潰されたと、江戸城内で正就に斬りかかった。信満は自死、直時もまた自害した。幕政トップの刺殺に衝撃が走ったが、正就に罪はないと井上家は存続を許された。

さてこの藩にもバカ殿がいて、本多利長がそれ。領民に苛政を強いる一方、酒色に溺れて遊郭に入り浸る。将軍家綱死去の日も妓楼で酒盛りをしていた。激怒した幕府は利長を山形県村山に飛ばす。絶家にされなかったのは本多家累代の功ゆえだ。

浜松藩《はままつ》〈静岡県〉

大名家＝井上家　石高＝6万石
大名種別＝譜代　城・陣屋＝浜松城
所在地＝静岡県浜松市

野心満々で「出世城」にやってきた水野忠邦《ただくに》

浜松城は徳川家康が築き、29歳から16年間この城に住んだ。関ケ原合戦後、家康ゆかりの地で最初に立藩したのが、母が家康の異父妹という松平（桜井）忠頼《ただより》だった。

1609年、忠頼は水野忠胤《ただたね》の宴席に招かれ、囲碁の勝敗をめぐる諍いに巻き込まれて28歳で死傷した。残された嫡男は7歳の忠重で、幼いという理由から松平（桜井）家は除封された。忠頼が殺されたのは、囲碁に横から口を挟み過ぎたせいだとする説もある。なお、宴席を催した水野忠胤は責任を取って切腹した。

出だしこそつまずいたが、封じられると出世できることから、浜松城は「出世城」と呼ばれるようになった。実際、老中に上りつめた大名は延べ7人もいる。

そんな浜松藩の名誉を汚したのが井上正甫《まさもと》だ。高遠藩内藤家の下屋敷（現在の新宿御苑）に遊びにいった正甫は、酒を呑んで小鳥狩りに出かけ千駄ヶ谷村まできた。そこで目にした農家の女房に劣情し、手籠めにしてしまった。

噂は広まり、正甫は「密夫大名」「強淫大名」と陰口を叩かれた。やがて幕府の耳に入り、1817年、懲罰的に福島県の棚倉に飛ばされた。とはいえ、正甫は病気を理由に江戸にいて、嫡男正春だけが不名誉を背負って北国に移った。

井上家改易を千載一遇の好機と受け止めたのが唐津藩主の水野忠邦《ただくに》だった。唐津藩は長崎港の警護を担うため、中央政界での栄達とは無縁。野心家の忠邦はそれが不満で、唐津から転封するために賄賂を贈るなど様々な工作を続けてきた。唐津藩6万石のうち、1万石を幕府に差し出す条件が受け入れられ、念願の浜松入りを果たす。

さすが出世コースの浜松だ。忠邦は寺社奉行、大坂城代、京都所司代と順調にキャリアを重ね、ついに老中の座を手にした。そして1841年に着手したのが「天保の改革」だった。農村復興、物価抑制などに取り組んだが、綱紀粛正として芝居や寄席、出版物に対する統制を強めたことで庶民が猛反発。さらに江戸や大坂周辺を幕府直轄地にしようとした上知令《あげちれい》が頓挫し、老中から引きずり降ろされた。

1845年、野望は潰え、家督を継いだ嫡男忠精《ただきよ》が山形藩に左遷となった。なお、浜松を出る際、領民から借りた金を踏み倒そうとしたため、農民が一揆を起こした。

水野に代わって入ったのが、暴行事件で浜松を追放された井上正甫の子正春《まさはる》だった。正春は前任地の舘林から機織り技術をもち込み、それが現在のヤマハ、ホンダ、スズキなど機械産業に発展した。名君として地元浜松では正春の評判は高い。

〈静岡県にあった藩〉

小島《おじま》藩

松平（滝脇）家　1万石　譜代　小島陣屋　静岡県静岡市

松平（滝脇《たきわき》）家は松平宗家（徳川）から早くに分かれた系譜で、信孝のときに1万石を得て大名に列し、その子信治《のぶはる》が1704年に小島に陣屋を置いて小島藩を立てた。小藩ゆえに財政問題を常に抱え、重税を課したため江戸後期には大一揆が起きた。その反省から、農民を政治に参加させるユニークな政策を導入した。

堀江《ほりえ》藩

大沢家　1万石　譜代　堀江陣屋　静岡県浜松市

大沢家は浜名湖北の堀江を領する5400石余の旗本で、幕府の儀式を司る高家《こうけ》という名誉ある地位に長年就いてきた。鳥羽伏見の戦いの後に、当主の基寿《もとずみ》は新政府に対して石高直しを要求。1万石あると報告し、立藩と自分の大名昇格を認めさせた。倍近くになった石高は住民の税の増加に直結する。抗議した領民が蜂起（万石事件）したことで新政府に虚偽申請がばれた。基寿は浜名湖を埋め立てる予定だったとか、獲れる魚介類を石高に換算したとあれこれ弁明したが、もちろん入れられるはずもない。基寿は華族の身分を剥奪され、禁錮1年の刑に処せられた。

岡崎藩《おかざき》〈愛知県〉

大名家＝本多家　石高＝5万石
大名種別＝譜代　城・陣屋＝岡崎城
所在地＝愛知県岡崎市

座敷牢に押し込められて死んだ若き名君の悲劇

岡崎は徳川家康の生誕地とあって、堅実な中堅譜代が送り込まれた。関ケ原合戦後に本多家が入って立藩し、水野家、松平（松井）家を経て、本多家で明治に至る。なお、前期と後期の本多家は別系統で、後期本多家は徳川四天王忠勝の嫡流。

岡崎藩には悲劇の殿様がいた。水野家6代の忠辰《ただとき》は、財政悪化に対処するため改革を決意する。自ら率先して質素な生活に徹して綱紀粛正に努めた結果、再建に見通しが立つところまで漕ぎ付けた。だが下級藩士から人材を登用したことで重臣たちから総スカンをくう。病気と称して誰も登城しなくなり、忠辰の改革は宙に浮いた。

改革の挫折が忠辰を変えた。一転して遊郭に入り浸り放蕩三昧の生活に明け暮れる。1751年、家臣たちは忠辰を江戸下屋敷の座敷牢に押し込めた。翌年、忠辰は牢内で死去。享年29だった。死因は不明だが自死と見るのが妥当だろう。領民の年貢軽減に尽力し、藩士の借財も肩代わりした忠辰。あまりにも無残な最期だった。

田原《たはら》藩〈愛知県〉

大名家＝三宅家　石高＝1万2000石
大名種別＝譜代　城・陣屋＝田原城
所在地＝愛知県田原市

「蛮社《ばんしゃ》の獄《ごく》」で自死した文人家老の渡辺崋山《かざん》

1664年に三宅康勝《やすかつ》が封じられ、12代が在封して明治を迎えた。家格を表す石高は1万2000石だが、実際の収入は7000石に過ぎないとあって、財政は康勝の入封時から苦しかった。11代康直《やすなお》は姫路藩主酒井忠実《ただみつ》の6男だが、藩庫が空だからと、持参金付きで養子に入ってもらった。

その康直が改革を託して家老に起用したのが、画家で国内蘭学の中心的存在だった渡辺崋山だ。崋山は期待に応え、飢饉のために米を蓄えておく「報民倉《ほうみんそう》」を設け、殖産興業への道を開き、下級藩士から人材登用をするための制度を整えた。

1837年、アメリカ商船モリソン号が通商を求め江戸湾に現れた。幕府は砲撃をもって打ち払ったが、崋山や高野長英《ちょうえい》ら蘭学者が開国を主張し、幕政批判をしていると捕縛。隆盛していた蘭学潰しの意図も背後にはあった。崋山は自害、藩の立て直しは頓挫した。その後も改革は停滞し、明治の廃藩時には10万両の借財を残した。

刈谷藩《かりや》〈愛知県〉

大名家＝土井家　石高＝2万3000石
大名種別＝譜代　城・陣屋＝刈谷城
所在地＝愛知県刈谷市

領地を返上して僧侶になった徳川家康の外甥

3代将軍家光が没し11歳の家綱の就任が決まると、世に不穏な空気が流れた。市中には改易で生じた浪人があふれ、由井正雪《ゆいしょうせつ》が幕府転覆を目論む「慶安事件」が勃発するのだが、そんな最中、ノー天気な騒動を起こしたのが松平（久松）定政だ。

定政は水野家、松平（深溝《ふこうず》）家に続いて刈谷に入ったが、家光の死に即し、領地返上を幕府に宣言した。自分の2万石で4000人の浪人が養える、というのが理由。子の定知《さだとも》と出家し、僧侶姿で江戸の町を托鉢してまわった。困り果てた幕府は神君家康の母方の甥という身分を考慮し、狂気として片づけ、所領没収のうえ兄定行が治める四国松山に配流した。定政は松山で風流に親しみ62歳で死去したという。

その後、譜代が入転封を繰り返し、1747年に土井利信が入り、明治まで土井家が定着する。幕末の土井家では勤皇派と佐幕派が激しい抗争を繰り広げ、鳥羽伏見の戦いの直後には、勤皇派が佐幕派の家老3人を暗殺する凄惨な事件も起きた。

尾張《おわり》（名古屋《なごや》）藩〈愛知県〉

大名家＝尾張徳川家　石高＝61万9000石
大名種別＝御三家　城・陣屋＝名古屋城
所在地＝愛知県名古屋市

将軍吉宗に逆らって罪人になった7代宗春《むねはる》

徳川家康は大坂の豊臣秀頼への抑えとして、1610年に巨大な名古屋城を築き始めた。普請を命じたのは加藤清正、福島正則《まさのり》、黒田長政ら豊臣恩顧の大名。天下はすでに自分の手中にある――。そんな政治的な意図が込められた築城でもあった。この城に封じられたのが家康の9男義直《よしなお》だ。御三家筆頭の尾張徳川家の祖となる。

父から兄2代将軍秀忠への忠誠を叩き込まれ、懸命に将軍家を支えてきた義直だが、4歳年下の甥、3代将軍家光とは反りが合わなかった。御三家も家臣として扱う家光に対し、自分は叔父だという意識が反発を強めた。両者はしばしば衝突する。

1633年、家光が重病で床に臥すと、義直は江戸を守るために兵を率いて尾張を発った。品川までくると老中の酒井忠勝が待機していて、将軍の許可なく国許を離れたのはなぜかと詰問された。家光が義直の率兵を差し出がましいと不快感を示したのだ。将軍家乗っ取りを疑ったとする説もある。義直は肩を落として尾張にもどった。

翌年、家光が名古屋にくることになり、御殿を新築して到着を待った。だが直前に中止となり、贅を尽くした準備は無に帰した。面子を潰されただけでなく、謀反の嫌疑をかけられたと解した義直は、弟の紀州藩主徳川頼宣《よりのぶ》に家光と一戦交えると激情を吐露する。頼宣が加勢するといったことで義直は冷静になり矛を収めた。1639年、2歳になる家光の娘千代姫が義直の嫡男光友《みつとも》に嫁いだのは、両者の関係修復のためだ。

さて3代綱誠《つななり》が在封6年で亡くなり、4代吉通《よしみち》も襲封4年目に25歳で死去した。吉通の嫡男で、3歳で藩主になった5代五郎太も3か月後に早世。家康嫡流の系譜はここに絶え、吉通の弟の継友《つぐとも》が6代に就いた。

吉通の死に関しては、生母本寿院《ほんじゅいん》による毒殺説もある。本寿院は吉通が藩主になると藩政にしきりに口を挟み始めた。また男出入りが激しいとの理由で、四ツ谷の江戸別邸に幽閉される。その母を見舞いに訪れた直後、吉通は急死したという。自分を屋敷に閉じ込めた息子を恨んで毒を盛ったとのことだが、真偽は不明である。

6代継友はあと一歩で将軍になれた殿様だ。7代将軍家継が7歳にして死の床にあり、後継を御三家から出すことになった。序列からすれば御三家筆頭の継友だが、6代将軍家宣《いえのぶ》の御台所、天英院の鶴の一声で紀州家の吉宗に決まった。紀州藩で改革を成功させた実績を評価した結果だが、尾張としては顔に泥を塗られた思いだった。

そんな尾張藩の鬱屈が7代宗春《むねはる》を吉宗への反抗に突き動かした。継嗣なく没した兄継友の遺領を相続して藩主となった宗春は、吉宗が進める質素倹約による緊縮型の経済政策「享保の改革」を徹底批判した。倹約は庶民を苦しめるというのが持論だ。

そもそも初めての国入りのいでたちからして、質素倹約の逆をいく。駕籠に乗ってしずしずと入国するのが通例なのに、金の縁取りが施された黒ずくめの衣装で全身を固め、漆黒の馬にうちまたがって領民の前に登場した。風にそよぐ羽織の内側は真っ赤な裏地で、浅黄色の頭巾に鼈甲《べっこう》色の唐人笠を被っていた。

領国経営も吉宗に抗い、祇園祭を以前よりハデにし、遊郭を3か所も設けた。また江戸では規制されている芝居小屋を建てさせ、上方商人を呼んで出店させた。これにより諸国から人が集まり、尾張の城下は大変な賑わいを見せた。単なる吉宗へのアンチではなく、現代に通じる開放型経済の先取りだったと評する向きもいる。

1739年、吉宗の堪忍袋の緒が切れた。宗春に隠居を命じ、名古屋城三の丸に軟禁した。宗春は三の丸で25年間暮らし、69歳で亡くなった。死後、墓石には金網が被せられた。これは罪人の証しだ。金網が外されたのは死から75年後のことである。

10代藩主に就いたのは、尾張とは縁もゆかりもない11代将軍家斉の甥斉朝《なりとも》だった。さらに11代斉温《なりはる》、12代斉荘《なりたか》は家斉の子、13代慶臧《よしつぐ》も家斉の甥と、いずれも吉宗の流れとなり、紀州藩の血統が尾張に君臨することになった。これらの藩主はそもそも藩政に関心がない。斉温に至っては一度も国入りしなかった。

藩祖義直の血筋を求める声が藩内に高まり、支藩の高須から14代に迎えられたのが慶勝《よしかつ》だ。才気活発な慶勝は期待に応えて停滞していた藩政の改革に取り組むとともに、幕末の政局に積極的に関与していった。だが朝廷の勅許を受けずに日米修好通商条約を締結したと抗議したため、大老井伊直弼《なおすけ》から藩主を追われ謹慎の身となる。

4年後、謹慎を解かれた慶勝は15代藩主に就いていた実弟茂徳《もちなが》を隠居させ、藩の実権を取りもどした。やがて御三家筆頭ながら朝廷寄りに舵を切り、大政奉還後には新政府の議定という重職を新政府から任じられた。

1868年1月、鳥羽伏見の戦いで幕府軍が敗北すると、ただちに慶勝は尾張に帰り、大勢は決したと藩内の佐幕派14人を粛正（青松葉事件）して反幕の立場を鮮明にした。同時に、各地の大名に新政府につくように説得する書簡を送った。戊辰戦争が国内を二分する戦いにならなかったのは、御三家筆頭で大藩の尾張がいち早く新政府に与し、他藩がそれにならったからだという。慶勝を評価する歴史家も多い。

●犬山《いぬやま》藩　成瀬家　3万5000石　譜代　犬山城　愛知県犬山市

1617年、尾張藩付家老《つけがろう》成瀬正成《まさなり》が犬山城に居所を置いた。代々尾張藩主のお目付け役を担うが、1868年1月、新政府から大名に取り立てられ、最初で最後の藩主正肥《まさみつ》が立藩した。居城だった犬山城の天守は国宝指定。長らく成瀬家が所有してきたが、2004年より成瀬家当主が理事長を務める財団法人に管理が移された。

〈愛知県にあった藩〉

挙母藩《ころも》

内藤家　2万石　譜代　挙母城　愛知県豊田市

三宅家、本多家に続いて封じられた内藤家が明治まで在封した。内藤家は一揆に悩まされ、1752年には農民305人が江戸に出て窮状を訴える「飯野八兵衛騒動」、1836年には1万数千人が打ちこわしをした「三河鴨騒動」が起きた。

西端藩《にしばた》

本多家　1万石　譜代　西端陣屋　愛知県碧南市

9000石の旗本本多忠寛《ただひろ》は、大名になるために江戸警護役になり、功が認められ1000石分の加増を受けた。晴れて1万石の大名に列し、1864年に立藩した。本多家が西端に定着したのは1616年。約250年後に夢がかなったことになる。

西大平藩《にしおおひら》

大岡家　1万石　譜代　西大平陣屋　愛知県岡崎市

江戸町奉行で知られる大岡越前守忠相《えちぜんのかみただすけ》が、1748年、長年の功で1万石を得て大名に列した。忠相は1900石の旗本だったが、将軍吉宗に取り立てられ、町奉行を経て寺社奉行にまで出世。以後、大岡家6代が明治まで在封した。

三河吉田藩《みかわよしだ》

松平（大河内）家　7万石　譜代　吉田城　愛知県豊橋市

東海道の要地として豊臣時代には大物の池田輝政《てるまさ》が置かれた。開府後には中堅譜代の受け入れ先となり、入転封が繰り返された。1712年に松平（大河内）信祝《のぶとき》が入り、いったん浜松に移った後、1749年に信祝の子信復《のぶなお》がもどって松平（大河内）家が定着した。幕府要職に就く譜代名家として信明《のぶあきら》と信順《のぶより》が老中を務めた。

西尾藩《にしお》

松平（大給）家　6万石　譜代　西尾城　愛知県西尾市

譜代の入転封を重ねた後、1764年に松平（大給《おぎゅう》）乗佑《のりすけ》が山形から移り、明治まで当家が在封した。佐倉藩主だった乗佑の父乗邑《のりさと》が9代将軍家重の怒りを買い、相続した乗佑が山形に左遷されていたが、許されて西尾で出世コースに復帰。子の乗完《のりさだ》から3代続けて老中に就いている。当家は岩村、府内、田野口各藩の本家筋にあたる。

大垣新田《おおがきしんでん》（畑村《はたむら》）藩

戸田家　1万石　譜代　畑村陣屋　愛知県田原市

大垣藩戸田家から領地の分与を受け、1688年に石高が1万石に達したので戸田氏成《うじしげ》が大名に取り立てられた。大垣藩の支藩で、畑村を拠点としたので畑村藩とも呼ばれる。明治2年に宗家のある岐阜県に移転して、野村（大野町）に陣屋を置いた。

三重県・滋賀県・京都府・大阪府・奈良県・和歌山県・兵庫県

近畿編

桑名藩	11万3000石
伊勢亀山藩	6万石
津（安濃津）藩	27万石
久居藩	5万3000石
鳥羽藩	3万石
長島藩	2万石
菰野藩	1万1000石
神戸藩	1万5000石
彦根藩	28万石
膳所藩	6万石
宮川藩	1万3000石
山上藩	1万3000石
三上藩	1万2000石
仁正寺（西大路）藩	1万7000石
水口藩	2万5000石
大溝藩	2万石
淀藩	10万2000石
福知山藩	3万2000石
宮津藩	7万石
亀山（亀岡）藩	5万石
園部藩	2万6000石
山家藩	1万石
綾部藩	1万9000石
田辺（舞鶴）藩	3万5000石
峰山藩	1万1000石
岸和田藩	5万3000石
高槻藩	3万6000石
麻田藩	1万石
丹南藩	1万石
狭山藩	1万石

伯太藩	1万3000石
柳生藩	1万石
郡山藩	15万1000石
小泉藩	1万1000石
田原本藩	1万石
櫛羅（大和新庄）藩	1万石
戒重（芝村）藩	1万石
柳本藩	1万石
高取藩	2万5000石
和歌山（紀州）藩	55万5000石
新宮藩	3万5000石
田辺藩	3万8000石
篠山藩	6万石
尼崎藩	4万石
明石藩	8万石
姫路藩	15万石
出石藩	3万石
龍野藩	5万1000石
赤穂藩	2万石
柏原藩	2万石
豊岡藩	1万5000石
村岡藩	1万1000石
三田藩	3万6000石
福本藩	1万石
三草藩	1万石
小野藩	1万石
林田藩	1万石
安志藩	1万石
山崎（宍粟）藩	1万石
三日月藩	1万5000石

桑《く》名《わな》藩〈三重県〉

大名家＝松平（久松）家　石高＝11万3000石
大名種別＝親藩　城・陣屋＝桑名城
所在地＝三重県桑名市

徳川幕府に忠誠を貫いて朝敵となった定敬《さだあき》

桑名は戦略的に重要な陸海交通の要衝で、関ケ原合戦後、徳川四天王の一人本多忠勝が封じられ、本多家の後には徳川家康の異父弟、松平（久松）定勝が送り込まれた。幕府がいかに桑名を重視していたかがわかる。

松平（久松）家は定勝を継いだ定行《さだゆき》が愛媛の松山に移され、後継に定行の弟定綱があてられた。この定綱を祖とする松平（久松）家は、白河藩主時代に「寛政の改革」を主導した老中首座、松平定信（将軍吉宗の孫で養子）を輩出する。

定綱の子定良《さだよし》は名君として誉れ高い。藩主に就く前年、大洪水で領内が水没すると、旗竿で筏《いかだ》を組み、自ら乗り込んで溺れる領民を救出してまわった。

次の定重《さだしげ》が家名を汚す。桑名は1701年の大火で城や城下町に甚大な被害を受けた。復興に手腕を発揮したのが野村吉正だ。定重は家老並みの俸禄を与え功に応えた。出る杭は打たれる。重臣たちが汚職の罪をでっち上げて吉正を告発すると、定重はそれを信じて吉正と一族44人を死刑し、吉正に近かった役人370人にも重刑を科した。これを「野村事件」という。この大量処分に眉をひそめたのが幕府だった。苛烈過ぎると1710年、定重を新潟の高田に左遷した。

1823年、その松平（久松）家が114年ぶりに帰ってきた。新藩主定永《さだなが》は直ちに吉正の名誉を回復する。事件がいかに汚点として意識されてきたかがわかる。

この入封は定永の父定信の政治力によって実現したものだ。桑名に7代君臨してきた松平（奥平）家は埼玉の忍に押し出され、忍にいた阿部家は白河へ。松平（久松）家にとっては故地復帰だが、移された両家には迷惑以外の何物でもなかった。

さて、再封した松平（久松）家の3代定猷《さだみち》には実子がなく、尾張藩の支藩高須から養子に迎えたのが定敬《さだあき》だった。幕末史を飾るキープレイヤーの一人だ。

実兄で会津藩に養子に入った容保《かたもり》が京都守護職に命じられると、定敬は過激な尊攘派を取り締まる兄に力を貸した。「八月十八日の政変」では兄とともに朝廷から長州藩の尊攘勢力を排除。一橋慶喜《よしのぶ》、会津藩容保、桑名藩定敬は「一会桑《いちかいそう》政権」と呼ばれ、容保と定敬兄弟は倒幕勢力に立ちふさがる砦となった。

鳥羽伏見では桑名藩兵は幕軍の中心となって戦う。だが将軍慶喜が逃走して敗北。定敬は幕府への忠誠から朝敵とされながらも兵を率いて会津戦争、箱館戦争に参戦した。戦後、定敬は津藩に預けられ、処分が解かれたのは明治5年のことである。

伊勢亀山藩《いせかめやま》〈三重県〉

大名家＝石川家　石高＝6万石
大名種別＝譜代　城・陣屋＝亀山城
所在地＝三重県亀山市

堀尾吉晴《よしはる》に間違って取り壊された亀山城の天守

中世から亀山を領してきた関家が1610年に去り、松平（奥平）忠明《ただあきら》を経て、三宅康信《やすのぶ》が封じられた。康信が没し、子の康盛《やすもり》が襲封した1632年、ありえない事件が起きた。松江藩主の堀尾吉晴がやってきて、勝手に天守を壊し始めたのだ。

吉晴に問いただすと幕府の命だという。藩主代替わりのどたばたで対応が遅れるなか、作業は着々と進んでいった。間違いだったとわかったのは、天守が解体された後。吉晴が破却を命じられたのは丹波（京都府亀岡市）の亀山城の天守だった。康盛は復元を願い出たが、幕府は許可しなかった。三宅家は1万2000石で、小大名には天守はふさわしくないというのが理由。以後、亀山に天守が設けられることはなかった。

三宅家移封後、譜代大名が出入りを繰り返し、1744年に入った石川家が定着して明治まで家名を伝えた。3代総純《ふさずみ》の1768年には、増税と御用商人鮫屋源兵衛の米買い占めに抗議し、全藩挙げての農民一揆も起きている。

津《つ》(安濃津《あのうつ》)藩〈三重県〉

大名家＝藤堂家　石高＝27万石
大名種別＝外様　城・陣屋＝津城
所在地＝三重県津市

鳥羽伏見の戦いの寝返りは藩祖高虎《たかとら》のDNA!?

大坂の豊臣秀頼に対する包囲網の一環として、1608年、徳川家康は藤堂高虎を送り込んだ。江戸時代を通じて君臨する外様大名、津藩藤堂家の誕生である。

高虎は浅井長政《あざいながまさ》を振り出しに、織田信澄《のぶすみ》、豊臣秀長、豊臣秀吉ほか主君を8人も変え大出世を遂げた武将だ。周囲から変節漢、走狗《そうく》などと揶揄されたが、機を見るに敏な判断が根底にあった。秀吉存命中から家康に近づき、関ケ原合戦では大谷吉継《よしつぐ》軍と激突して東軍の勝利に貢献した。大坂夏の陣では、家臣に大量の戦死者を出しながらも徳川軍を支え、「大事があるときは高虎を一番手にせよ」と家康にいわしめた。

また築城の名手として知られ、自領の津城や支城の上野城に加え、江戸城、膳所《ぜぜ》城、篠山城、丹波亀山城ほか17城の築城に関わった。

そんな高虎も1630年に75歳の天寿をまっとうし、嫡子高次が2代を襲封した。高次は新田開発を進めるなど国力増強に努めたが、幕府から命じられる普請事業が財政を圧迫する。外様大藩の宿命で、代々の藩主は常にこの問題と直面させられた。
高次は宗家の継嗣が絶えた場合に備え、隠居した1669年、次男高通《たかみち》に5万石を与え、久居藩を立てさせた。この支藩設立が5代以後の就封に奏功する。4代高睦《たかちか》に世子がなく、久居から高敏《たかとし》を迎えることで家名を存続できた。加えて6代、7代、9代、10代も久居藩からで、子孫は高次に感謝することになった。

6代高治《たかはる》のとき藩を揺るがす騒動が起きた。筆頭家老の名張藤堂家が津藩から独立し、当主の長熙《ながひろ》を大名にしようと画策したのだ。名張藤堂家の家祖は高吉《たかよし》で、実子に恵まれなかった高虎が丹羽長秀《にわながひで》の3男を養子に迎えたもの。だが高虎に高次が生まれ、高虎は高吉を廃嫡し、名張（名張市）に1万5000石の領地を与えて家老にした。本来ならウチが宗家——。独立劇は名張家の積年のわだかまりが噴出した格好だ。

騒動は武力衝突の一歩手前までいったが、1735年、名張家の家老3人が切腹することで決着した。名張家は以降、宗家の厳しい管理下に置かれる。

幕府から命じられる普請と相次ぐ天災で、江戸中期には藩の財政は危機的状況を迎えた。9代高嶷《たかさと》は茨木重謙《しげかね》を登用して改革にあたらせ、重謙は桐、椿、ミカン、柿などの苗木を配布する役所を設け、椎茸栽培や養蚕ほかの殖産興業策を推進した。しかし急進的な改革は農民の不満を高め、ついに1796年、3万人が城下に押しかける「寛政一揆」が起きた。藩は重鐘を罷免し、改革のトーンを抑えたのだ。

次の10代高兌《たかさわ》は、養蚕の奨励と材木事業で財政を一時的に立ち直らせるが、坂道を駆け下る財政悪化をくい止めることはできなかった。凶作や安政の大地震が津藩を直撃。窮乏が農民にのりかかるなか、212万両という巨大な借入金を残し、津藩は明治4（1871）年の廃藩置県を迎えた。

幕末の津藩は親幕府の佐幕派が上層部を固めていて、1863年に過激な攘夷派が奈良で蜂起した「天誅組《てんちゅうぐみ》の変」では、兵を出してこれを鎮圧した。

1868年1月3日、15代将軍徳川慶喜《よしのぶ》率いる旧幕軍と、西郷隆盛が指揮する新政府軍が激突する鳥羽伏見の戦いが勃発した。津藩は山崎高浜砲台を守備していたが、突如、幕軍攻撃へと転じた。津藩の寝返りによって幕軍は総崩れになる。

藩祖高虎以来の変わり身の早さといえるが、幕軍同志だった他藩からは「藤堂の犬侍」と罵声が浴びせられた。なお、新政府から徳川家康を祀る日光東照宮の破壊を命じられた際には、これを拒否して意地を見せている。

●久居《ひさい》藩　藤堂家　5万3000石　外様　久居陣屋　三重県津市

津藩2代高次が無嗣子による改易を防ぐため、次男高通《たかみち》に5万石を分与し支藩を立てさせた。支藩の設立願いを出したのは1630年だが、1669年になってようやく幕府から認められた。久居藩2代高堅《たかかた》が3000石の加増を受け5万3000石に高直ししている。久居から宗家津藩に5人の藩主を送り出し、宗家に貢献した。

鳥《と》羽《ば》藩〈三重県〉

大名家＝稲垣家　石高＝3万石
大名種別＝譜代　城・陣屋＝鳥羽城
所在地＝三重県鳥羽市

家督相続で山間の地に追われた「海賊大名」九《く》鬼《き》家

九鬼嘉隆《よしたか》は織田信長に与し、石山本願寺に加勢した毛利水軍を撃破した。「海賊大名」と呼ばれ九鬼水軍の名を全国に高めた。1600年、家督を守隆《もりたか》に譲って隠居していた嘉隆に、石田三成から誘いがきて、嘉隆は西軍に属することとなった。一方、守隆は徳川家康に仕える身。やむなく父と戦火を交えたのである。

関ケ原合戦後、守隆は父の助命を嘆願した。家康はそれを許可したが、嘉隆は自刃して果てた。守隆と九鬼家の将来を思ってのことだろう。運命が父子を引き裂いた。

さて、守隆の後継をめぐって騒動が起きた。長男と次男が病弱のために相続を辞し、守隆は5男の久隆を指名した。そこに僧侶になっていた3男隆季《たかすえ》が異論を挟む。兄の自分が世継ぎだと主張し、還俗して武士にもどり幕府に裁定を求めた。

幕府が出した結論は九鬼家の石高のうち、久隆に4万6000石を与え、隆季には1万石というものだった。ところが、守隆が没すると隆季が再び不平を洩らす。

これを幕府は九鬼水軍を解体する好機と捉え、1633年、久隆を兵庫県の三田、隆季を京都府綾部に転封させた。九鬼家は二つに分かれ、海から離れた山地に移されたのだ。九鬼水軍の栄光の歴史に終止符が打たれた。

九鬼家が去った後、内藤忠重が封じられたが、忠重は鳥羽に君臨した藩主のなかでも最悪の殿様だ。鳥羽城の改修で財政が悪化したため、領民の収穫の8割（8公2民）を収奪した。幕府領などは4公6民だから、搾取以外の何物でもない。

そして内藤家3代忠勝が大事件を起こした。1680年、4代将軍家綱の法要が江戸の芝増上寺で行われた。その席上で宮津藩主永井尚長《なおなが》を斬殺したのだ。

尚長が嫌がらせをし、切れた忠勝が刃傷に及んだ。いや、忠勝に遺恨を覚えていた尚長が斬りかかり、逆襲されて死んだ——と、正反対の見方があって真相は藪の中だ。忠勝に切腹の命が下り、内藤家は所領没収のうえ絶家となった。なお忠勝の姉の子、赤穂藩主浅野内匠頭《たくみのかみ》長矩《ながのり》も江戸城で刃傷事件を起こした。奇妙な符号といえる。

内藤家改易の後、譜代が出入りし、1725年に稲垣家が入って定着した。

1830年、幕府の米を積んだ船が大王崎で難破。村人が米を発見してもち帰るが、幕府が派遣した役人を強盗と間違えて殺した。村人9人が死罪に処せられたが、そもそも難破は米を横領するための偽装で、役人殺害は取り引きのもつれからだとする説もある。事件は「波切騒動」と呼ばれるが、今となっては真相解明も困難となった。

〈三重県にあった藩〉

長島藩《ながしま》
増山家　2万石　譜代　長島城　三重県桑名市

松平（久松）忠充《ただみつ》が乱心して除封になり、1702年に増山正弥《ましやままさみつ》が入り8代を伝えて明治を迎えた。正弥の養父正利は4代将軍家綱の生母お楽の方の弟。その縁で正弥は大名に取り立てられた。5代正賢《まさかた》は風流人で、優れた花鳥画を多数残している。

菰野藩《こもの》
土方家　1万1000石　外様　菰野陣屋　三重県菰野町

1600年に土方雄氏《かつうじ》が立藩し、土方家13代が君臨した。豊臣秀吉没後に起きた徳川家康暗殺計画に父雄久《かつひさ》が関与したとされ、雄氏は父と水戸に蟄居させられたが、関ケ原合戦の戦功で許された。代々の藩主は善政に努め、一揆が一度も起きなかった。

神戸藩《かんべ》
本多家　1万5000石　譜代　神戸城　三重県鈴鹿市

1732年に本多忠統《ただむね》が封じられ、本多家が明治まで在封。忠統は若年寄を務め、熊本藩主細川宗孝《むねたか》が江戸城内で殺害された事件では、細川家の改易を防ぐ裁定を下し、賢君ぶりを発揮した。茶人としても知られ、忠統の文人文化が代々に継承された。

彦《ひこ》根《ね》藩〈滋賀県〉

大名家＝井伊家　石高＝28万石
大名種別＝譜代　城・陣屋＝彦根城
所在地＝滋賀県彦根市

25日間も秘匿された幕末の大老井伊直弼《なおすけ》の死

関ケ原合戦は井伊直政《なおまさ》の戦だった。徳川家康の外交官として諸大名との交渉にあたり、調略も仕かけて小早川秀秋《ひであき》の裏切りや毛利勢の戦闘不参加を実現した。

東軍の総指揮官として臨んだ合戦当日には、先鋒に決まっていた福島正則《まさのり》を出し抜き、軍法違反を承知で先陣を切った。家康の主力軍は合戦に間に合わず、前線にいたのは直政率いる6000のみ。たとえ勝利できても、福島ら豊臣恩顧の軍功になってしまい、家康の政治的影響力の低下は必至だ。徳川の存在感を示すためには、抜け駆けするしかなかった。直政ならではの怜悧《れいり》な計算といえる。

戦闘終盤、薩摩の島津義弘軍が戦場を離脱するため、東軍を蹴散らして正面突破を図った。直政は逃げる島津を追走し、甚大な被害を与えた。徳川四天王のなかでも勇猛果敢で名を馳せた直政の面目躍如だ。猛追を見て豊臣恩顧の大名は圧倒され、福島正則も軍法違反をもち出さなかった。ただし島津軍から狙撃され直政は負傷した。

関ケ原合戦後、直政は西軍に属した大名との交渉を任された。家康の軍事と政治の両面を支える直政にしかできない仕事だった。

合戦を通じて譜代筆頭の地位を確立した直政は、西国大名や豊臣ににらみを利かせるため、西軍を率いた石田三成の佐和山城に封じられた。だが島津兵から受けた傷が悪化し1602年に死去する。享年42。家康は「開国の元勲」との言葉を贈った。

直政を相続した嫡男直継（直勝）は、佐和山から彦根に拠点を移し彦根城の造営を始めたが、直継は生来の病弱とあって、幕府は群馬の安中に3万石で別家を立てさせ、彦根藩を弟の直孝に託した。父から闘将の遺伝子を受け継いだ直孝は大坂の陣で活躍し、幕領の5万石分を加え35万石もの大封を授かった。譜代随一の石高であり、大老を5人も輩出する譜代筆頭、名門彦根藩の基盤を築き上げた。

時代は下り幕末へ。井伊直弼は14代藩主直中《なおなか》の14男として生まれた。17歳で城を出され、安い禄で質素な屋敷に移された。井伊家では世子以外は他家に養子に出るのが習わしだが、養子の声はかからず32歳まで日陰者として暮らした。ところが兄で15代藩主の直亮《なおあき》の世子が早逝。井伊家に残っていたのは直弼だけで直亮の養子に取り立てられた。直亮が亡くなった1850年、直弼は16代藩主に迎えられた。

1853年にアメリカから黒船が来航すると、幕府は諸大名に対応を諮問した。直弼は開国して貿易し富国強兵に努めるべきとの建白を出し、即刻打ち払いを主張する攘夷派の前水戸藩主徳川斉昭《なりあき》らと鋭く対立する。

和親条約締結後、アメリカは通商を強硬な態度で求めてきた。外国嫌いの孝明天皇が反対したが、そもそも朝廷に政策に関して勅許を求める慣行はなく、大老に就任した直弼は無勅許のまま、攘夷派の反対を抑えて日米修好通商条約に調印した。

これに怒った朝廷が水戸藩に幕政刷新を命じる戊午《ぼご》の密勅を下す。幕府を飛び越えての勅命に危機感を覚えた直弼は、勅命発行に関わった梅田雲浜《うんぴん》ほか尊攘志士を捕らえ、一橋慶喜《よしのぶ》、松平春嶽《しゅんがく》、徳川斉昭らに謹慎処分を命じた。安政の大獄である。

安政の大獄で直弼に対する尊攘派の敵意は燃え上がり、1860年、直弼は水戸浪士らによって桜田門外で襲撃され首を取られた。暴漢に襲われての死は武門として不名誉であり、彦根藩は直弼の首と胴体を縫い合わせ、病気と偽って死を秘した。そして襲撃から25日後に病死だと幕府に報告したのである。

直弼の死から2年後、一橋慶喜や松平春嶽が復権すると、直弼の死について虚偽の申告をしたとして、彦根藩は10万石を削減されて25万石に落とされた。あきらかに安政の大獄の意趣返しである。その後、3万石がもどされ28万石で明治に至った。

1867年、大政奉還を経て王政復興の大号令がかかると、17代直憲《なおのり》はいち早く新政府側に転じ、鳥羽伏見の戦いでも薩長を支援した。桜田門外の変後、彦根は幕政から遠ざけられ石高も減らされた。その遺恨が背後にあったとされる。

膳《ぜ》所《ぜ》藩〈滋賀県〉

大名家＝本多家　石高＝6万石
大名種別＝譜代　城・陣屋＝膳所城
所在地＝滋賀県大津市

将軍暗殺計画で粛清された尊攘派「膳所城事件」

関ケ原合戦後、徳川家康は藤堂高虎ら外様に膳所城の築城を命じ、天下普請の第1号となった。琵琶湖に浮かぶ膳所城に入ったのが戸田一西《かずあき》で、前任地の埼玉県川越からもち込んだシジミを瀬田川に放ち、膳所の名産となって今に至っている。

その後、大名が入れ替わり、1651年に入った本多家が定着した。江戸後期になると他藩同様に財政悪化に苦しめられる。再建しようにも本多内匠《たくみ》、鈴木時敬《ときやす》の両家老が利権を守るために妨害。見兼ねた幕府が本多修理《しゅり》を送り込み、内匠や時敬ら24人を死罪などに処して改革に着手させた。この粛清劇を「御為筋《おためすじ》一件」という。

幕末の膳所藩では尊攘派が台頭し、長州藩士らと連携を深めて影響力を強めた。1865年、上洛の途中で膳所城に宿泊予定だった将軍家茂《いえもち》を暗殺する計画を立てたとして、尊攘派11人が死罪（膳所城事件）になった。処刑された11人は「十一烈士」と呼ばれ、明治3（1870）年になって冤罪が晴れ名誉を回復した。

〈滋賀県にあった藩〉

宮川《みやがわ》藩

堀田家　1万3000石　譜代　宮川陣屋　滋賀県長浜市

堀田正信は自分が出世できないのは上がアホだからと幕閣を批判。参勤交代の法令を無視して帰藩し佐倉11万石を棒に振った。正信の子正国が許されて石高大幅減で立藩。代々の藩主は正信の汚名を反面教師に、勤勉に職務に徹して家名存続に努めた。

山上《やまがみ》藩

稲垣家　1万3000石　譜代　山上陣屋　滋賀県東近江市

若年寄の稲垣重定《しげさだ》は山上に領地をもらい、1698年に藩を立てた。譜代弱小藩だが、歴代藩主の多くが大番頭や奏者番といった幕府の要職に就き名門扱いされた。

三上《みかみ》藩

遠藤家　1万2000石　譜代　三上陣屋　滋賀県野洲市

美濃の名族遠藤家は藩主常久が7歳で早世し、郡上藩を改易された。名跡存続ということで、幕府は他家に養子に入っていた常久の伯父胤親《たねちか》の家督相続を許し、1698年に胤親が三上に陣屋を構えて藩を設立した。6代胤城《たねき》は佐幕姿勢を貫き、新政府から所領を没収されたが、明治3年に大阪府の吉見で封地を回復している。

仁正寺《にしょうじ》（西大路《にしおおじ》）藩

市橋家　1万7000石　外様　仁正寺陣屋　滋賀県日野町

ここも名跡存続のために設立された藩。新潟三条で市橋長勝が継嗣なく没して領地没収となり、甥の長政が相続を認められて1620年、仁正寺に陣屋を置く。外様ながら幕領の代官を任され幕府から重用された。1862年に西大路に藩名を変更した。

水口《みなくち》藩

加藤家　2万5000石　外様　水口城　滋賀県甲賀市

会津藩主加藤明成は家臣の堀主水《もんど》と確執を深め、主水とその妻を殺害して40万石の大封を失った。明成の嫡男明友は、石高を1万石に大幅に減らされ島根県吉水に左遷される。明友は1682年に水口に転封し、いったん栃木県の壬生に移った後、子の喜矩《よしのり》が水口に復帰した。以後、この地に加藤家が定着し、伊予松山城や会津城を築き、戦場で活躍した家祖加藤嘉明《よしあき》の英傑の血統を明治まで伝えた。

大溝《おおみぞ》藩

分部家　2万石　外様　大溝陣屋　滋賀県高島市

生駒親正《ちかまさ》、京極高次ほかを経て、1619年に分部《わけべ》光信《みつのぶ》が封じられた。光信の没後に3男嘉治《よしはる》が襲封したが、妻の叔父・池田長重を口論の末に斬殺し、自らも傷を負って死去した。幸い改易など処分を免れ、分部家が明治まで在封することになった。

淀《よど》藩〈京都府〉

大名家＝稲葉家　石高＝10万2000石
大名種別＝譜代　城・陣屋＝淀城
所在地＝京都府京都市

鳥羽伏見の戦いの帰趨を決した淀城閉門事件

淀は京と大坂をにらむ軍事上の要地で、松平（久松）定綱が淀城を築き1625年に入部した。242年後、この城が幕府の命運を握るなど定綱の知るよしもない。その後、譜代が入転封を重ね、1723年に稲葉正知《まさとも》が封じられて明治まで12代が君臨した。正知の曽祖父正勝は将軍家光の乳母春日局《かすがのつぼね》の子。春日局の政治力で政権中枢を担う家と位置付けられ、老中ほか重職に就く当主が少なくなかった。

幕末の正邦《まさくに》も老中になり、疾風怒濤の政局に臨んだ。大政奉還後の1868年1月3日、新政府軍と幕府軍が激突する鳥羽伏見の戦いが勃発した。西郷隆盛の軍略で思わぬ劣勢を強いられた幕府軍は、立て直しを図るため淀城に撤退した。だが城門は閉ざされ入城を拒否された。これで幕府軍の敗北は決定的となった。

淀藩の裏切りは後世の語り草となる。正邦は江戸にいて閉門は家老の判断だったが、幕閣中枢にありながら、結果として新政府軍に加担。正邦の心中はいかがだったか。

福知山藩《ふくちやま》〈京都府〉

大名家＝朽木家　石高＝3万2000石
大名種別＝譜代　城・陣屋＝福知山城
所在地＝京都府福知山市

他藩の領民を斬殺し鉄砲自殺を遂げた稲葉紀通《のりみち》

江戸時代を通じ鉄砲自殺した殿様は稲葉紀道くらいだろう。1624年に福知山に封じられた紀道は、傲慢で執念深く悪評の絶えない藩主だった。罪を咎《とが》めて藩士を処刑した際には、その藩士と関係があると疑った領民数十人も斬罪した。

紀道は宮津藩主・京極高広にブリ100本を注文した。賄賂用だと見た高広は、頭を除いて身だけを届けた。紀道は縁起でもないと激昂。自領を通った宮津の領民を殺す報復に打って出る。宮津だけでなく、福知山の周辺藩も藩境に兵を集め警戒態勢を敷く。他藩が攻めてくると思った紀道は銃で自害した。なんとも陰惨な事件である。

福知山も1669年に朽木家が入り13代を数えて明治に至った。朽木家は漢学や蘭学、絵画、茶道などに通じる文人大名を輩出する系譜だが、家内統一ができずに相続問題で揺れ、7代から12代まで、5代玄綱《とうつな》系統と6代綱貞《つなさだ》系統が交互で藩主を出した。そのため藩政は落ち着かず、幕末には「市川騒動」という大一揆を招いた。

宮津《みやづ》藩〈京都府〉

大名家＝松平（本庄）家　石高＝7万石
大名種別＝譜代　城・陣屋＝宮津城
所在地＝京都府宮津市

前代未聞、親子喧嘩で改易された京極高国《たかくに》

関ケ原合戦後、丹後国（京都府北部）を領した細川藤孝《ふじたか》（幽斎《ゆうさい》）・忠興《ただおき》父子が九州中津に移り、近江源氏の名門京極高知《たかとも》が入った。高知は丹後を3分割し、嫡男高広《たかひろ》に宮津、次男高三《たかみつ》に田辺、養子の高通《たかみち》に峰山を与えた。高広を藩祖に宮津藩が成立する。

やがて高広は引退して高国に家督を譲ったが、高国は年貢を納められない村を取り潰すなど、強権的な手法で苛政を敷くようになる。藩政は混乱をきたした。

高広は福知山藩主の稲葉紀通《のりみち》に首をはねたブリを送った（福知山藩参照）ように、もともとアクの強い人物だ。隠居の身ながら高国の政治に注文をつけるようになり、頑迷さでは父に負けない高国がそれに反発する。高広が高国の弟高勝を新藩主に擁立しようと動き出すと、父子の骨肉の争いは頂点で沸騰した。とはいえ藩内情勢は現藩主高国が優勢で、思い余った高広は高国の悪政を幕府に訴え出た。

1666年、幕府の下した裁定は領地没収のうえ、高国を盛岡藩に配流するという

厳しい内容。理由は親への孝を欠いたというもので、武家諸法度の「不孝」違反とされた。親子喧嘩での絶家は異例中の異例だ。まさか家が潰されるとは……。提訴した高広にとっても想定外の結果だった。背後には、外様を外して譜代を入れたいという幕府の思惑があったことは間違いない。京極家除封以降、宮津は譜代藩となった。

短期間の幕領を経て、宮津に転封してきたのが永井家だ。ところが2代尚長《なおなが》が江戸の芝増上寺で鳥羽藩主・内藤忠勝に斬殺（鳥羽藩参照）されてしまう。尚長に継嗣がなかったため、永井家は所領を収公され改易となった。

中堅譜代の出入りの後、1758年に松平（本庄）資昌《すけまさ》が封じられ、7代が明治の廃藩置県まで宮津を治める。資昌の曽祖父宗資《むねすけ》は5代将軍綱吉を生んだ桂昌院の弟だ。姉の引きで大名に取り立てられ、宗資の家系は代々松平姓を名乗ることを許された。

どの藩も江戸時代後期に入ると財政悪化に直面するが、松平（本庄）家も例外ではない。5代宗発《むねあきら》は1822年、打開策として「万人講」という税を新設した。病気以外の領民すべてに1日3文（約90円）の貯蓄をさせ、毎月上納させる仕組みだ。しかし領民が反発し、一揆や打ち壊しが相次いだためやむなく廃止となった。

幕末の6代藩主宗秀は、老中として幕府に背いた長州藩を攻める再征軍を率いたが、長州藩の家老を独断で釈放したために老中を罷免された。これが戊辰戦争後に奏功。宮津は幕軍について朝敵とされながらも、長州藩の口添えがあって藩の没収を免れた。

〈京都府にあった藩〉

亀山《かめやま》（亀岡《かめおか》）藩

松平（形原）家　5万石　譜代　亀岡城　京都府亀岡市

亀山城は明智光秀が織田信長を討つために本能寺に向け出撃した城だ。開府後、この城に譜代が短期間に入転封を重ね、8家目の松平（形原《かたのはら》）家が1748年に入り、定着して8代を数えた。明治2年、伊勢亀山との混同を避けるため亀岡に改称した。

園部《そのべ》藩

小出家　2万6000石　外様　園部陣屋　京都府南丹市

小出吉親《よしちか》が1619年に入り、10代が明治まで在封した。小出家は吉親の祖父秀政が豊臣秀吉の生母・大政所の妹である英松院をめとり、秀吉の叔父ということで大名になれた。小出宗家は出石で絶家し、ここ園部の分家だけが家名を明治に伝えた。

山家《やまが》藩

谷家　1万石　外様　山家陣屋　京都府綾部市

藩祖となる谷衛友《もりとも》は関ケ原合戦で西軍に属し、田辺城に籠城する細川藤孝《ふじたか》攻めに加わった。藤孝が歌道の師とあって途中で攻めるのをやめ、東軍に寝返ったことが評価され、山家の所領を徳川家康から安堵された。谷家13代が明治まで統治した。

綾部《あやべ》藩

九鬼家　１万９０００石　外様　綾部陣屋　京都府綾部市

九鬼家は水軍を率いる鳥羽の領主だったが、家督相続をめぐって隆季《たかすえ》と久隆の兄弟が争い、幕府は隆季を綾部、久隆を兵庫県の三田に移封する裁定を下した。水軍と九鬼家を分断するのが幕府の狙いで、ともに送られたのは山国だった。１６３３年に入封した隆季は、上野本宮山麓に陣屋と城下町を建設。以後、綾部に10代が君臨する。

田辺《たなべ》（舞鶴《まいづる》）藩

牧野家　３万５０００石　譜代　田辺城　京都府舞鶴市

京極高知《たかとも》が丹後の領土を３分割、次男高三《たかみつ》を田辺に配し立藩させた。京極家は３代で豊岡に転封となり、１６６８年に譜代の牧野家が入って明治まで10代が統治。幕閣を出す家柄だけに奏者番や寺社奉行、京都所司代などの要職に就く藩主が多かった。10代弼成《すけしげ》は明治元年、紀州田辺との混同を避けるため藩名を舞鶴に改称している。

峰山《みねやま》藩

京極家　１万１０００石　外様　峰山陣屋　京都府京丹後市

京極高知の丹後３分割で、養子高通《たかみち》（高知の甥で朽木宣綱《のぶつな》の次男）が峰山に入って立藩した。12代が在封するが、結局、丹後に残った京極家はここだけとなった。１７２０年頃から丹後縮緬《ちりめん》の生産が始まり、以後、藩の重要な収入源になる。

岸和田藩《きしわだ》〈大阪府〉

大名家＝岡部家　石高＝5万3000石
大名種別＝譜代　城・陣屋＝岸和田城
所在地＝大阪府岸和田市

関ケ原合戦で両天秤かけた豊臣縁戚の小出家

豊臣秀吉の母方の叔父、小出秀政が1595年、岸和田に藩政を敷いた。秀政は関ケ原合戦で苦渋の選択をする。自らは西軍に与して大坂城で豊臣秀頼のそばにいて、嫡男で出石藩主の吉政《よしまさ》も西軍に配し、細川藤孝《ふじたか》が籠る田辺城を攻めさせた。そして次男秀家は東軍の徳川家康軍に随行させた。家内を二つに分ける両天秤作戦である。

本来なら、家康に背いた秀政と吉政は除封されてもおかしくなかったが、秀家が関ケ原で抜群の働きをし、その軍功から処分を免れ岸和田と出石の所領を安堵された。豊臣家の縁戚ゆえに家康が配慮したという見方もできる。

小出、松平（松井）を経て、1640年に岡部宣勝《のぶかつ》が入り、明治まで岡部家が岸和田を領有する。宣勝は前任の松平（松井）が上げた税率を下げ、代々の藩主も宣勝にならい善政を敷いた。幕末の12代長寛は王政復古の大号令がかかると藩論を勤王にまとめ、鳥羽伏見の戦いでは新政府に与して家名の存続に努めた。

〈大阪府にあった藩〉

高槻藩《たかつき》

永井家　3万6000石　譜代　高槻城　大阪府高槻市

豊臣時代にはキリシタン大名で知られる高山右近が領した地だ。右近の次に封じられた新庄直頼が関ケ原合戦で西軍に属して除封され、1615年の大坂夏の陣後に内藤信正が封じられ、大坂城に近い要地の高槻を託された。

以後も譜代中堅が送られ、松平（形原《かたのはら》）、岡部などが入転封。1649年に永井直清《なおきよ》が入り、明治まで高槻は永井家の所領となった。直清は入封すると城南の低湿地の排水工事に着手し、地元で「六千石」とよばれる広大な耕地を領民のために造成した。

麻田藩《あさだ》

青木家　1万石　外様　麻田陣屋　大阪府豊中市

青木一重《かずしげ》は父の代から豊臣家に仕え、1万石で麻田に陣屋を置いていた。1615年の大坂夏の陣では、豊臣秀頼の側近として徳川方に和睦の使者として出向いたが、その間に大坂城が落城。秀頼は自害した。無常を悟った一重は剃髪して出家する。だが一重の誠実な人柄を惜しんだ家康が召し抱え、再び大名になって麻田に復帰した。以後も青木家は移動もなく、明治まで14代が麻田の地を領した。

丹南藩《たんなん》

高木家　1万石　譜代　丹南陣屋　大阪府松原市

9000石の旗本だった高木正次が大坂城番に昇進し、1000石の加増を受けたことで大名に列し、1623年に丹南に陣屋を置いた。譜代だが移動はなく、高木家13代が当地を領して明治に至った。千葉や滋賀に飛び地の領地をもっていたが、頻繁にそれらが他藩領と交換になり、藩財政を圧迫する大きな要因になった。

狭山藩《さやま》

北条家　1万石　外様　狭山陣屋　大阪府大阪狭山市

小田原の北条氏は豊臣秀吉によって1590年に滅ぼされたが、北条家3代氏康《うじやす》の5男氏規《うじのり》が名跡相続を許され、さらにその子氏盛《うじもり》が大名に取り立てられて立藩した。小田原北条の家名を唯一ここ狭山で伝えたが、最後の藩主氏恭《うじゆき》は財政難から明治4年の藩廃藩置県の前に知藩事を辞職。狭山藩は他藩より早い明治2年に廃藩になった。

伯太藩《はかた》

渡辺家　1万3000石　譜代　伯太陣屋　大阪府和泉市

1727年、渡辺基綱《もとつな》が陣屋を大庭寺（堺市）から伯太に移し立藩した。渡辺家の先祖は平安時代の武将渡辺綱《わたなべのつな》だ。綱は源頼光《よりみつ》に仕え、大江山の酒呑童子《しゅてんどうじ》退治伝説で知られている。伯太には9代が在封し、幕末には世直し一揆で藩内が騒然とした。

柳生《やぎゅう》藩〈奈良県〉

大名家＝柳生家　石高＝1万石
大名種別＝譜代　城・陣屋＝柳生陣屋
所在地＝奈良県奈良市

将軍家光に領地の返上を願い出た柳生宗矩《むねのり》

柳生宗矩は将軍秀忠・家光の剣術指南役となり、1636年に加増されて1万石を超え、旗本から大名に昇格した。柳生新陰流を将軍家の剣法にする礎を築いた宗矩だが、徳川家康に仕える前にはどん底を味わった。中世から君臨してきた柳生の土地を豊臣秀吉に奪われ、領主から一介の浪人へと身を落としていたのだ。

1594年、家康に父石舟斎宗厳《せきしゅうさいむねよし》と新陰流を披露したことで徳川譜代になり、関ケ原合戦で宗矩が活躍して柳生の旧領を回復、幕府の初代大目付にもなって大名に取り立てられた。卓抜した剣の腕と高潔な人間性が栄進を呼び込んだ。

晩年を迎えた宗矩には心配事があった。嫡男十兵衛三厳《みつよし》が将軍家光の勘気を買って小田原藩に預けられ、その後、処分は解かれたが家光から遠ざけられ、柳生に逼塞《ひっそく》していたのだ。自分の代が終われば、柳生家は間違いなく改易されてしまう……。

死期を悟った宗矩は賭けに出た。家光に領地返上を申し出たのだ。そこまでの覚悟があることを示せば、三厳嫌いの家光も極端なことをしないのではないか。

家光には十分貢献してきた。将軍自ら病床の宗矩を3度も見舞ったことがあるように、絶対の信頼を勝ち取ってきた自負もあった。領地返上という極論には、剣法オタクで傲岸なところがある三厳に猛省を促す意図も込められていた。

宗矩が没すると家光はいったん封地を取り上げ、それを分割して三厳に8300石、三厳の弟宗冬《むねふゆ》に4000石を与える裁定を下した。宗矩の願いだった家名存続はかなったことになる。ただし1万石を割り込み柳生家は旗本に降格となった。

さて柳生十兵衛三厳だが、小説にも描かれる人気の剣豪だ。家光から出仕停止を命じられていた11年間、全国をめぐって武者修行に明け暮れていたという伝承もある。史実とフィクションがないまぜになり実像が見えなくなっていて、武者修行は後世の創作とする説が根強い。また隻眼で眼帯を着用した姿がトレードマークになっているが、同時代の資料には隻眼だったとの記録はないという。なお三厳は43歳で不慮の死を遂げた。この死に関しては他殺説もあるが真相は不明だ。

嗣子がない三厳の死で所領収公の危機を迎えたが、家光は三厳の遺領を宗冬に相続させ、柳生家の存続を再び認めた。宗矩の謹功を高く評価した結果といえる。

宗冬は家綱、綱吉と2代にわたって将軍の剣術指南役を務め、1668年に大名に復帰。藩祖宗矩の捨て身の賭けで、柳生家が明治まで家名を伝えることができたのだ。

郡山藩《こおりやま》〈奈良県〉

大名家＝柳沢家　石高＝15万1000石
大名種別＝譜代　城・陣屋＝郡山城
所在地＝奈良県大和郡山市

乗っ取りを画策し毒殺に打って出た本多政利

豊臣五奉行の一人増田長盛《ましたながもり》が関ケ原合戦で西軍に属したために除封され、16年間の幕領を経て、大坂夏の陣の直後に水野勝成が入封し郡山藩の歴史が始まった。勝成は徳川家康の母方の従弟。大坂夏の陣で先鋒第一陣を率い軍功を挙げ、恩賞として郡山を与えられた。若い頃は粗暴で、金の無心に応じない父の金庫番を殺して勘当され、諸国を放浪した過去をもつ。将として落ち着くのは30代後半になってからだ。

4年後に勝成が福山に移ると、家康の長女亀姫の子、松平（奥平）忠明《ただあきら》が配された。忠明は大坂夏の陣で戦功第一とされ、大坂の陣の猛者が2代続いたことになる。

次に封じられたのは、徳川四天王の猛将・本多忠勝の孫本多政勝だった。武門系が入転封を重ねたのは、京、大坂に近い要衝としての意味合いが大きい。

政勝は本多家庶流の出で、嫡流の政長が成人するまでのつなぎ役として家督を許された。だが自分の子が可愛いのは世の常だ。大老の酒井忠清に取り入り、その威光を利用して子の政利に継がそうと画策。政勝・政利派と政長派が対立した。

あれこれ手を尽くしたが、結局政勝は政利を藩主に就けられずに死去する。その後、政長と政利は後継者の座をめぐって譲らず、幕府が介入する事態となった。

1671年に下った裁定は、郡山藩15万石のうち9万石を政長に与え、政利には残り6万石を分与というものだった。比率から「九・六騒動」と呼ばれたが、あてにしていた酒井忠清の権勢のほころびが政利に不利に働いた。政長と政利は郡山城に同居しながら、自分の領地を治めるという不自然な形態を続けることになった。

裁定から8年後、我慢できなくなった政利は密かに政長に毒を盛って抹殺した。これで15万石すべてを手にできると政利は小躍りしたが、幕府は政長の子の忠国を15万石で福島に移し、政利には6万石のまま明石への転封を命じた。

毒殺までしたのにこれか――。政利の落胆が見えるようだ。政利は明石で苛政を敷くなど問題行動を続け、最期は岡崎藩の牢で獄死した。因果応報だろう。

譜代中堅が出入りした郡山も、1724年に柳沢吉里《よしさと》が山梨県の甲府藩から転封し、柳沢家6代が明治の廃藩置県まで治めた。吉里は5代将軍のもとで大老格にまで出世した柳沢吉保《よしやす》の嫡男だ。文人だった吉保の血統だけに、代々の藩主は俳諧や和歌、茶道に造詣が深く、文化的な香りを郡山にもち込んだ。なお郡山は金魚の養殖が盛んだが、吉里の趣味が発端だったとされ、藩の奨励で産業に育った。

〈奈良県にあった藩〉

小泉《こいずみ》藩

片桐家　1万1000石　外様　小泉陣屋　奈良県大和郡山市

片桐且元《かつもと》の弟貞隆が1623年に小泉に陣屋を構える。2代貞昌は石州流の祖として将軍家の茶道師範を務めた。なお大坂の陣の直前に寝返りを疑われて大坂城を退去した且元だが、立てた竜田藩（奈良県斑鳩《いかるが》町）は4代で継嗣なく絶家している。

田原本《たわらもと》藩

平野家　1万石　外様　田原本陣屋　奈良県田原本町

豊臣家臣だった平野長泰《ながやす》が関ケ原合戦で東軍に属し、開府後も5000石の旗本の地位を維持した。1868年、当主だった長裕《ながひろ》が新政府から加増を受け、石高1万石となって大名に列した。いわゆる維新立藩だ。長祐が最初で最後の藩主になった。

櫛羅《くじら》藩（大和新庄《やまとしんじょう》）

永井家　1万石　譜代　櫛羅陣屋　奈良県御所市

宮津藩主の永井尚長《なおなが》は、芝増上寺で行われた4代将軍家綱の法要の席で鳥羽藩主の内藤忠勝に斬殺された。尚長に嗣子がなかったために宮津の領地を収公されたが、家名存続から櫛羅1万石が与えられ、尚長の弟直円《なおみつ》が1680年に立藩した。

戒重《かいじゅう》（芝村《しばむら》）藩

織田家　1万石　外様　芝村陣屋　奈良県桜井市

織田信長の弟有楽斎《うらくさい》（長益《ながます》）が、大坂夏の陣後の1615年に4男長政に1万石を分与し立藩させた。戒重藩織田家は1737年以降、奈良県内の幕領9万石を預けられていたが、1794年に商人から受け取った賄賂がばれ、幕府に預かり地を取り上げられて以前の1万石にもどされた。信長の血統は、江戸時代を通じて次男信雄《のぶかつ》と有楽斎の流れの4藩が存続したが、信雄系は柏原《かいばら》と天童、有楽斎系は本藩と柳本である。

柳本《やなぎもと》藩

織田家　1万石　外様　柳本陣屋　奈良県天理市

戒重とは兄弟藩で、織田有楽斎5男の尚長が1万石をもらって初代藩主になった。1709年、将軍綱吉の葬儀の席で本藩4代秀親《ひでちか》と大聖寺藩主前田利昌《としまさ》がもめごとを起こして秀親が殺害された。藩は秀親を病死と幕府に報告、辛うじて改易を免れた。

高取《たかとり》藩

植村家　2万5000石　譜代　高取城　奈良県高取町

本多政武《まさたけ》が継嗣なく没し、3代続いた本多家は絶家となった。1640年に植村家政が封じられ、以後、高取は明治まで植村家の所領になる。高取城は国内最大規模を誇る山城で、最近の山城ブームを背景に訪れる人が増えている。

和歌山藩《わかやま》（紀州《きしゅう》）〈和歌山県〉

大名家＝紀州徳川家　石高＝55万5000石
大名種別＝御三家　城・陣屋＝和歌山城
所在地＝和歌山県和歌山市

「由井正雪事件《ゆいしょうせつじけん》」の黒幕は藩祖の頼宣《よりのぶ》だった!?

紀州は土豪が跋扈《ばっこ》して反乱を繰り返し、「難治の国」といわれた。1600年に封じられた浅野幸長《よしなが》も手を焼き、大坂の陣に出陣中に在地勢力が一揆を起こした。1619年、2代将軍秀忠からそんな難治の国を託されたのが徳川家康10男の頼宣である。ここに徳川御三家の一角、和歌山藩が誕生した。

頼宣は入部すると和歌山城を大拡張。あまりの巨大さから謀反を疑われたほどだ。実際、戦国の気風を留める頼宣は武張ったところがあり、兄で尾張藩主の義直《よしなお》が3代将軍家光に切れて一戦交えると洩らした際には、兄に加勢すると即答した。また滅亡した中国明の遺臣が援軍を要請してきたとき、派兵に最も積極的だったのは頼宣だったという。そんな武闘派の頼宣によって、難治の国も平定されていった。

豪気すぎる頼宣に災いが降りかかったのは1651年のことだ。由井正雪が幕府転覆を画策、江戸を火の海にする暴動（由井正雪事件・慶安事件）を起こそうとした。

事件は密告により正雪ら首謀者の自害で終わったが、頼宣が書いたとされる書状を正雪が所持し、背後に頼宣がいるとほのめかしたことで追及の手が頼宣にも伸びた。多数の密偵が和歌山に放たれ、頼宣も江戸城に呼びつけられて査問を受けた。

書状は正雪が作成した偽物と判明したが、松平信綱ら幕閣は武功派の中心で幕政に批判的な頼宣を牽制する好機と捉えた。和歌山への帰藩を10年間許さないという処分を下すことで、さしもの頼宣も事件後はずいぶん大人しくなった。

頼宣の後、光貞《みつさだ》、綱教《つなのり》と代を重ねたが、綱教が早世し、襲封したその弟頼職《よりもと》もわずか在任4カ月で病死した。5代藩主に就いたのが頼職の弟吉宗である。吉宗は2代光貞の4男で、母の身分が低かったため、5歳まで家臣の家で養育された。福井の葛野という小藩の藩主になっていたが、兄2人が亡くなり急遽、藩主に据えられた。

和歌山藩は初代頼宣の頃から財政問題を抱えていた。代を重ねるごとに窮乏は深刻化し、幕府や商人からの借金は膨大で、御三家の金看板も色褪せる惨状だった。

初登城の際、吉宗は木綿の羽織ほか、藩主ではありえない質素な服装で家臣の前に姿を現した。さらに食事は朝夕の一汁三菜として質素倹約の範を垂れた。

吉宗は財政再建のために新田開発を奨励。ミカンや木材、木炭、醤油といった特産品の販路を拡大して増収を図る。一方で有能な人材の登用も積極的に行った。改革はみごとに実を結び、借財も返済して和歌山藩は劇的に蘇った。

1716年、吉宗は8代将軍に就任した。序列からはいえば御三家筆頭の尾張藩主継友のはずだったが、改革力を買われ吉宗が選ばれた。吉宗は「享保の改革」で幕府の財政も建て直し、徳川将軍家中興の名君となる。

さて吉宗以降の和歌山藩では、8代重倫《しげみち》があまりの暴君ゆえに30歳で隠居させられ、10代治宝《はるとみ》も苛政から10数万人規模の一揆を招いて引退する事件が起きた。その治宝が長期にわたって院政を敷き、藩主派と治宝派が対立するなど藩内は大揺れした。

1858年、13代藩主の家茂《いえもち》が14代将軍に迎えられた。これで和歌山藩祖頼宣の系譜が8代から14代まで将軍職を占めることになった。勇猛さから兄の秀忠、甥の家光に煙たがられた頼宣。きっと地下でほくそ笑んでいたに違いない。

●新宮《しんぐう》藩　水野家　3万5000石　譜代　新宮城　和歌山県新宮市

1608年、水野重央《しげなか》は年若い徳川家康10男の頼宣を補佐するために付家老《つけがろう》職を命じられ、頼宣の和歌山入りにも同行して新宮城を任された。1868年1月、新政府から10代当主の忠幹《ただもと》が立藩を許され、忠幹が最初で最後の大名になった。

●田辺《たなべ》藩　安藤家　3万8000石　譜代　田辺城　和歌山県田辺市

新宮の水野重央とともに、安藤直次が1610年に頼宣の付家老になり田辺城を居城にした。新宮同様に、1868年の1月に直裕《なおひろ》が新政府から立藩を認められ、大名に取り立てられた。御三家付家老家による維新立藩の一つだ。

篠山《ささやま》藩〈兵庫県〉

大名家＝青山家　石高＝6万石
大名種別＝譜代　城・陣屋＝篠山城
所在地＝兵庫県篠山市

将軍に諫言し左遷された青山忠俊の系譜が定着

豊臣五奉行の前田玄以《げんい》は、徳川家康への弾劾状に署名しながら、関ケ原合戦で家康に内通して領土を安堵された。そんな暗躍も水泡に帰す。家督を継いだ茂勝が放蕩の末に多くの家臣を切腹に処し、１６０８年に隠岐に流されて前田家は除封になった。外様を追い出した篠山に、家康は松平（松井）康重《やすしげ》を送り込み豊臣秀頼を牽制した。康重は家康の隠し子説もある武将だ。その後、松平（藤井）、松平（形原《かたのはら》）が封じられたが定着せず、１７４８年に青山忠朝《ただとも》が入って青山家が明治まで続いた。

忠朝の5代前の忠俊は将軍家光の養育係だったが、家光が成人しても諫言を続け、切れた家光が大多喜に左遷した。それでも忠俊は諫言をやめず、青山家は改易となった。子の宗俊が許されて大名に復帰し、あちこちまわって篠山にたどり着いた。

青山家１２０年の治世は一揆の歴史でもあった。大きいものだけでも10を超え、頻発する農民一揆に右往左往しながら、なんとか明治に至ったというのが実情だ。

尼崎《あまがさき》藩〈兵庫県〉

大名家＝松平（桜井）家　石高＝4万石
大名種別＝譜代　城・陣屋＝尼崎城
所在地＝兵庫県尼崎市

幕府においしいところを奪われド貧乏に転落

1711年に尼崎に封じられ、明治まで統治した松平（桜井）家はついていない家である。代々が忠勤を重ねて石高を増していき、忠頼の代になって花形の浜松藩5万石を手にした。これで出世コースに乗れると思った矢先、囲碁のトラブルに巻き込まれて忠頼は刺殺され、家格を旗本に降格される。再びこつこつ努力して大名に復帰し、転勤を重ねて忠頼の曾孫の忠喬《ただたか》が尼崎に腰を据えることができた。尼崎は灘地域に酒造業や絞油業が栄え、兵庫港や西宮もあって財政的に恵まれていた。

だが1769年、3代忠告《ただつぐ》に幕府からとんでもない命令が下った。灘、兵庫港、西宮を収公し、替わりに別の領地を与えるという。財政難にあえぐ幕府が豊かな尼崎のドル箱に目を付けた結果だ。新領地は収穫がそれほど期待できる土地ではなく、藩は一気に困窮状態に追い込まれた。江戸後期には発行した藩札が信用ゼロになる事態にも陥る。松平を名乗る名門なのに破産状態で1871年の廃藩置県を迎えたのだ。

明《あ》石《かし》藩〈兵庫県〉

大名家＝松平（越前）家　石高＝8万石
大名種別＝親藩　城・陣屋＝明石城
所在地＝兵庫県明石市

宮本武蔵が町割りした城下に名門家が入転封

1617年に小笠原忠真《ただざね》が入り明石藩が誕生した。小笠原家は信濃守護の名家で、忠真は徳川家康の外曾孫。父と兄が大坂夏の陣で戦死し、功に応えて幕府が立藩させた。翌年、妻の父姫路藩主本多忠政の協力を得て明石城を築く。その際、城下町の町割りを担当したのは、当時本多家の客分だった剣豪の宮本武蔵である。

1632年に忠真が小倉に移り、以後、松平（戸田）、大久保、松平（藤井）が入転封し、1679年に配されたのが本多政利《まさとし》だった。郡山で本家の乗っ取りを企て、ライバル政長を毒殺したワルである。明石で苛政を敷いたが、悪運尽きて福島の岩瀬に飛ばされ、そこで侍女を殺すなど悪行を重ねた結果、最期は岡崎藩の牢で獄死した。

政利の悪政で混乱した明石を再建するため、家康の曽孫松平（結城）直明《なおあきら》が送られた。結局、松平（結城）家が明治まで治めるが、加速する財政悪化に対処できず、商人からの借金に頼るだけの無策に堕し、莫大な借金を残して廃藩置県に至った。

姫《ひめ》路《じ》藩〈兵庫県〉

大名家＝酒井家　石高＝15万石
大名種別＝譜代　城・陣屋＝姫路城
所在地＝兵庫県姫路市

西国の要衝を託された延べ11家32人のお殿様

関ケ原合戦が終わると、徳川家康は西国の外様ににらみを利かせるため、次女督姫《とくひめ》の婿である池田輝政を姫路に送り込んだ。輝政は豊臣恩顧の福島正則《まさのり》や加藤清正が攻め上ってきた場合に備え、盾となる姫路城を8年かけて築いた。

この戦略的拠点の姫路城に重複を含めて11家が出入りし、1749年に封じられた酒井家が定着するというのが姫路藩の流れ。いずれも譜代や親藩系としては一流どころだ。また在封した藩主は延べ32人と極めて多いが、幼い藩主が襲封したとき、要衝を守る大任を果たせないと、幕府が他藩に移したことが理由の一つになっている。

さて家康の信任篤く、100万石ともされる大封を委ねられ、「西国将軍」と呼ばれた池田輝政だが、晩年には亡霊に悩まされていた。枕元に悪鬼が立ち、夜中には城内に響く泣き叫ぶ声を聞いたという。築城の際、地主神である刑部《おさかべ》姫を疎かにしたからだとささやかれ、輝政は病の床に臥すようになり1613年に病死した。姫路城天守の最上階に刑部神社が祀られるのは、刑部姫の祟りを鎮めるためだとされる。

池田家に関しては、後継をめぐる「毒饅頭事件《どくまんじゅう》」も伝えられる。後妻の督姫が自分の子忠継を姫路藩主にするため、輝政を継いだ先妻の子の利隆を毒殺しようと企てたとのこと。話はこうだ。督姫は毒を盛った饅頭を差し出したが、利隆は怪しいと思い口にしなかった。毒入りだと気付いた忠継は母を諫めるために饅頭を食べて亡くなり、督姫も行為を恥じて自害した――。たしかに同じ年に督姫と忠次は死んでいる。

1978年に忠継の墓の調査があり、遺骸を確認した結果、毒殺の痕跡はなかったと発表された。完全なるフィクションだったというわけだ。

池田家は利隆が33歳で病死し、嗣子光政が8歳とあって幕府は光政を鳥取に移した。幼藩主移封の先駆けである。外様時代は終わり、以降、姫路は譜代藩になった。

次に入った本多忠政は、徳川四天王の一人忠勝の子で正室は家康の長男信康の次女国姫（熊姫）という一流譜代。嫡男忠刻《ただとき》の嫁に迎えたのが将軍秀忠の娘千姫《せんひめ》だった。

千姫は豊臣秀頼の未亡人でこれが再嫁となった。しかし大坂夏の陣での秀頼との生き別れに続き、忠刻との間にできた嫡男が病没、忠刻にも先立たれてしまった。幸薄い千姫は姫路を去り、江戸でひっそりと余生を送った。

松平（奥平）家や松平（越前）家などを経て、江戸中期に再封した榊原家の3代目政岑《まさみね》がスキャンダルを起こした。政岑は榊原家庶流の次男坊で、たまたま兄が死んで嗣子がいなかった2代政祐《まさすけ》の養子に入り、18歳で姫路藩主の座を手にした。

徳川四天王の一人榊原康政《やすまさ》の嫡流を担うという意識は薄く、そもそも帝王学も受けてこなかった。江戸城警護の仕事にも手を抜き、白昼堂々と行列を整えて吉原の遊郭に通い、派手に遊興にふけった。吉原で使った金は3000両を超えたという。

ついには吉原一の遊女、高尾太夫を2500両で身請けするに及び、質素倹約を旨に改革を進めていた8代将軍吉宗の逆鱗に触れた。政岑は27歳の若さで隠居となり、家督を相続した子の政永《まさなが》（7歳）と1741年、高田藩に飛ばされた。なお、高尾太夫は高田に同行し、政岑の死後は尼になって菩提を弔い続けた。

松平（越前）明矩《あきのり》が搾取に搾取を重ねて1万人規模の一揆を招き、その責任を取って前橋に転封した後、代わって前橋から入封したのが酒井忠恭《ただずみ》だった。大老を出せる酒井雅楽頭《うたのかみ》家の嫡流で忠恭自身も老中首座を務めた。とはいえ名門は名ばかりで、財政は火の車。前任地の前橋では洪水で壊れた前橋城が直せなかったほどである。

3代忠道《ただひろ》の頃には借財は73万両に達していた。忠道は河合寸翁《すんのう》を起用して改革に当たらせ、木綿や絹製造といった産業を育てることで苦境を脱することができた。

幕末の姫路は尊攘派と佐幕派の対立が激化し、8代忠績《ただしげ》は1864年、長州藩と結んだ尊王志士70人に死罪や永牢などの処罰（甲子《かっし》の獄）を下した。それに対する報復が1868年の「戊辰《ぼしん》の獄」だった。旧佐幕派68人が処罰されている。

出石《いずし》藩〈兵庫県〉

大名家＝仙石家　石高＝3万石
大名種別＝外様　城・陣屋＝出石城
所在地＝兵庫県豊岡市

水野忠邦の政敵打倒に利用された仙石家内紛

1706年に仙石家が入り明治まで治めた。仙石家には式部《しきぶ》家と主計《かずえ》家という分家があり、両家はともに藩政を担った。6代正美《まさよし》の時代になると、式部家の左京と主計家の造酒《みき》による抗争が激化し、最終的に左京が造酒を下して主導権を握った。左京は、老中首座として幕政に君臨する浜田藩主の松平（松井）康任《やすとう》に多額の賄賂を贈り、康任の姪を子の小太郎の嫁に迎え権力を盤石にした。

敗れた主計家は左京が主家乗っ取りを企てていると幕府に提訴。裁いたのが康任に頭を押さえられてきた水野忠邦《ただくに》だ。1835年、忠邦は左京を獄門にし、康任を左京に加担したと隠居に追い込む。さらに審議の過程で密貿易もばれた康任は棚倉に左遷された。事件は「仙石騒動」と呼ばれ、仙石家は石高を4万8000石から3万石に減封となった。左京に乗っ取りの意図があったかは不明だが、忠邦は騒動を利用して政敵を葬り老中首座に昇格。大名家の争議を政争の具にした忠邦の野望がぎらつく。

龍野《たつの》藩〈兵庫県〉

大名家＝脇坂家　石高＝5万1000石
大名種別＝外様　城・陣屋＝龍野城
所在地＝兵庫県たつの市

外様の身ながら老中にまで栄達した脇坂安董《やすただ》

1673年に脇坂安政が入り、以降、脇坂家が龍野を所領する。脇坂家の祖安治《やすはる》は賤ケ岳合戦で軍功を挙げ、豊臣秀吉の七本槍の一人に数えられた猛将だ。だが関ケ原合戦では戦闘中に東軍に寝返り、機を見るに敏なところもあった。

とはいえ安治の血は子の安元で絶え、龍野初代藩主となった安政は老中堀田正盛の次男である。7代安親《やすちか》も堀田家からの養子で、実質は堀田家の系譜と目されていた。

譜代名門堀田との関係もあり脇坂家は準譜代扱いされ、8代安董《やすただ》は幕閣中枢の寺社奉行に就いた。大奥女中たちと僧が不貞を重ねた「谷中延命院事件」を解決。「仙石騒動」では水野忠邦《ただくに》に協力し、幕政トップ松平（松井）康任《やすとう》の追放劇にも加担した。

水野の引きで1837年に老中に昇格する。外様から老中になった松前藩の松前崇《たか》広《ひろ》の例もあるが、安董の次の安宅《やすおり》も老中に就いた。脇坂家は〝ほぼ〟譜代になれたといえる。多くの外様が譜代を目指したが、ここまで成功した家は他にはない。

赤穂《あこう》藩〈兵庫県〉

大名家＝森家　石高＝2万石
大名種別＝外様　城・陣屋＝赤穂城
所在地＝兵庫県赤穂市

赤穂の浪士が吉良邸に討ち入りした「忠臣蔵」

赤穂藩が成立したのは１６１５年。池田輝政の５男政綱が兄利隆から赤穂の領地を分与されことによる。16年後に政綱が病没し、輝政の６男輝興《てるおき》が赤穂を継いだ。その輝興が陰惨な事件を起こす。突如正妻と侍女を斬殺、愛娘にも傷を負わせたのだ。乱心を理由に輝興は所領を没収され、本家岡山藩に預けられることになった。

池田輝政には６人の男子がいて、嫡男利隆は先妻の子だが、次男以下は徳川家康の次女督姫《とくひめ》との間にできた子だ。彼らは家康の外孫ということになる。ところが次男忠継は17歳、３男忠雄《ただかつ》は31歳、５男政綱も26歳で早世した。さらに４男輝澄《てるずみ》は家内争議を招いて山崎藩（兵庫県宍粟市《しそうし》）を改易され、６男輝興もこの惨劇である。

利隆にしても33歳でなくなっていて、池田家は呪われたような不運続きだった。輝政が建てた姫路城に住むという、刑部《おさかべ》姫の祟りなどがささやかれるゆえん。

赤穂といえば〝忠臣蔵〟こと「赤穂事件」で知られる。池田輝興の除封後に浅野家が入ったが、3代目の浅野内匠頭《たくみのかみ》長矩《ながのり》が、江戸城松の大廊下で吉良《きら》上野介《こうずけのすけ》義央《よしひさ》に斬りかかったことに端を発するご存じの事件である。

長矩は即日切腹を命じられ、浅野家は取り潰しになった。長矩の弟長広を立てての再興が幕府に認められず、刃傷事件の1年9か月後、国家老の大石内蔵助《くらのすけ》良雄が中心になり、四十七士が吉良邸に討ち入って吉良の首級《しるし》を挙げた。

主君の仇を討ったということで庶民から喝采を浴び、義士が切腹した翌年2月の直後には芝居が上演され、やがて人形浄瑠璃『仮名手本《かなでほん》忠臣蔵』が爆発的ヒットとなった。しかし史実を創作が上書きし、フィクションが一人歩きしている面は否めない。

太鼓を打ち鳴らして討ち入っていないし、そろいのダンダラ模様の装束も着ていなかった。また吉良の執拗な嫌がらせが刃傷の原因とされているが、伝えられる吉良の悪評判は創作の影響を受けた後世のもので、そのまま鵜呑みにはできない。

ちなみに、長矩が赤穂の製塩法を吉良に教えなかったことが要因とする説もあるが、製塩法は秘密でも何でもなく、瀬戸内海沿岸の諸藩のみならず、仙台藩でも赤穂同様の入浜式塩田法が採用されていて、歴史学的には否定されている。

長矩を短慮だと記す同時代の幕府資料もある。両者に確執はあったが、些細なことに激昂した長矩が、後先も考えずに凶行に及んだとするのが妥当ではないか。

吉良は一方的に斬り付けられただけで、長矩を殺したわけではないのに、なぜ主君の仇討なのか。集団で武装して寝込みを襲い、老い先短い吉良を討ち取っただけではないか——など、現代人の感覚からすると違和感があるのも事実だろう。

喧嘩両成敗をしなかった幕府に異議申し立てをしたとする説が有力だが、仇討を求める世論に迎合した結果だとか、武士の面子を潰されたからだと解説する向きもいる。

それはそうと、義士側は負傷者2名なのに対し、吉良家では死者15名、負傷者23名を出した。吉良家の受けたダメージは大きく、家を取り潰されて当主義周《よしちか》は諏訪に流された。なお、討ち入りに参加しなかった藩士は近所付き合いを断られ、卑怯者の誹《そし》りを受けて娘が離縁され、一族の恥だと切腹させられた浪士も少なくなかった。

さて赤穂藩では短期間の永井尚敬《なおひろ》を挟み、1706年に森長直《ながなお》が入って森家が定着した。森家は織田信長の小姓蘭丸を輩出した名家だが、津山18万6000石を領した衆利《あつとし》が乱心で改易され、庶流の長直がお家再興を許されて赤穂にきた。

赤穂藩も幕末になると尊攘派と佐幕派の対立が激化する。赤穂勤王党の13人は1862年、藩政を握る森主悦《ちから》と村上真輔《しんすけ》を暗殺して脱藩した。

明治になって勤王党の残党6人が赤穂に帰藩したが、真輔の遺児が命を狙っていると、藩は紀州高野山の藩主廟所の守衛を命じた。明治4年2月、6人は遺児によって討たれた。「高野の仇討」と呼ばれ、事件が契機になって政府は仇討禁止令を出すことになった。仇討をした真輔の遺児たちは捕縛され、明治6年に放免されている。

〈兵庫県にあった藩〉

柏原《かいばら》藩

織田家　2万石　外様　柏原陣屋　兵庫県丹波市

柏原を領有してきた織田信長の弟信包《のぶかね》の血統が絶え、1695年に信長次男信雄《のぶかつ》の系譜・信休《のぶやす》が入った。信休の父信武《のぶたけ》が宇陀市の松山藩で家臣を殺して自刃。信休は石高を減らしての懲罰的転封だった。ここ柏原と天童が織田信雄の流れを伝えた。

豊岡《とよおか》藩

京極家　1万5000石　外様　豊岡陣屋　兵庫県豊岡市

1668年に近江源氏京極の分家高盛《たかもり》が入った。4代高寛《たかひろ》が10歳で夭逝し、無嗣除封の危機を迎えたが、名家存続のため6歳の弟高永《たかなが》の家督相続が許されて絶家を免れた。ただし石高は3万5000石から1万5000石に大幅減となった。

村岡《むらおか》藩

山名家　1万1000石　外様　村岡陣屋　兵庫県香美町

6700石の旗本だった山名義済《よしすみ》が、明治元年に1万1000石への高直しが認められ大名に列した。山名家は室町期には守護大名として全国66国のうち11国を領した。豊臣秀吉に敗れて没落したが、名家のため徳川家康が旗本に取り立て存続させた。

三田《さんだ》藩

九鬼家　3万6000石　外様　三田陣屋　兵庫県三田市

鳥羽藩主だった九鬼久隆《くきひさたか》が兄隆季《たかすえ》と家督相続で争い、幕府の裁定で鳥羽の石高を分割され、1633年に三田に移された。一方の隆季は同年、綾部に封じられている。

福本《ふくもと》藩

池田家　1万石　外様　福本陣屋　兵庫県神河町

池田家が7000石の旗本として福本に陣屋を置いてきたが、明治元年6月に喜通《よしみち》が本家の鳥取藩池田家から3000石余を分与され大名になった。維新立藩の一つ。

三草《みくさ》藩

丹羽家　1万石・譜代　三草陣屋　兵庫県加東市

新潟の高柳1万石の大名丹羽薫氏《しげうじ》は1739年に大坂定番になり、所領を兵庫県内に移して三草に陣屋を置いた。丹羽家は石高こそ低いが、代々幕府要職に就く名家だ。

小野《おの》藩

一柳家　1万石　外様　小野陣屋　兵庫県小野市

小野に陣屋を構えていた2万8000石の一柳《ひとつやなぎ》直家が嗣子なく没し、本来ならばお家断絶のところ、特例で女婿直次（園部藩小出吉親《よしちか》の次男）の相続が認められ、1万石に大幅減封で再度立藩した。一柳家は明治まで11代、約230年間統治する。

林田藩《はやしだ》

建部家　1万石　外様　林田陣屋　兵庫県姫路市

知行700石の建部政長は大坂夏の陣で尼崎城を死守。その功で1万石の大名に取り立てられ林田藩を建てた。3代政宇《まさのき》が出世頭で寺社奉行など幕府要職を歴任した。

安志藩《あんし》

小笠原家　1万石　譜代　安志陣屋　兵庫県姫路市

中津藩主小笠原長邕《ながさと》が6歳で没して領地没収となり、名跡を残すため弟の長興《ながおき》（5歳）が1万石で取り立てられ、安志に陣屋を構えた。長興が病弱のため所領返上を願い出たが、幕府は小笠原宗家の小倉藩から長逵《ながみち》を養子に迎え小笠原家を存続させた。

山崎《やまざき》（宍粟《しそう》）藩

本多家　1万石　譜代　山崎陣屋　兵庫県宍粟市

池田輝政4男の輝澄《てるずみ》が家内抗争を収められずに除封され、岡山藩分家の池田家も3代で無嗣絶家となった。1679年に入った本多家が定着し、9代が明治まで続いた。

三日月藩《みかづき》

森家　1万5000石　外様　三日月陣屋　兵庫県佐用町

森長俊が津山藩宗家から封地を分与され立藩した。9代が家名を明治まで伝えたが、早世したり嗣子なく没したりする藩主が多く、広島藩や赤穂藩から養子を迎えている。

鳥取県・島根県・岡山県・広島県・山口県

中国 編

鳥取(因州)藩	32万石	庭瀬藩	2万石
若桜(西館新田)藩	2万石	足守藩	2万5000石
鹿野(東館新田)藩	3万石	浅尾藩	1万石
松江藩	18万6000石	岡田藩	1万石
広瀬藩	3万石	新見藩	1万8000石
母里藩	1万石	成羽藩	1万2000石
浜田藩	6万1000石	福山藩	11万石
津和野藩	4万3000石	広島(芸州)藩	42万6000石
津山藩	10万石	広島新田藩	3万石
岡山(備前)藩	31万5000石	長州(萩)藩	36万9000石
鴨方藩	2万5000石	岩国藩	3万石
生坂藩	1万5000石	徳山(下松)藩	4万石
備中松山(高梁)藩	5万石	長府藩	5万石
勝山(真島)藩	2万3000石	清末藩	1万石

鳥取《とっとり》（因州《いんしゅう》）藩〈鳥取県〉

大名家＝池田家　石高＝32万石
大名種別＝外様　城・陣屋＝鳥取城
所在地＝鳥取県鳥取市

嫡流の岡山藩より高い格式を与えられたわけ

大坂の陣で豊臣を滅ぼした将軍秀忠は、政権をより盤石にするため、姫路から池田光政《みつまさ》を鳥取に移した。8歳の光政に西国を牽制する要衝姫路は任せられないというのが理由。光政の移封にともない、鳥取のすべての藩は転封か改易を余儀なくされた。

その光政が1632年に岡山藩に国替えになると、入れ代わりに岡山から光政の従弟池田光仲《みつなか》が鳥取に入った。以後、光仲の池田家が明治の廃藩置県まで領有した。

光政の流れの岡山藩と光仲の後裔鳥取藩は、ともに池田輝政の孫が藩祖になった双子藩だ。石高もほぼ同じだが大名の格は鳥取が上とされた。

光政の父利隆（輝政長男）の母が榊原康政の娘（先妻）だったのに対し、光仲の父忠雄《ただかつ》（同3男）の母は家康の次女督姫《とくひめ》（後妻）である。池田家の嫡流は岡山藩だが、鳥取藩は家康の血を引くということで親藩待遇を受け格上とされたのだ。

さて、3歳で鳥取藩主になった光仲は、19歳のときにようやく国入りがかなった。

幼少で不在だった光仲に代わり、権力を握っていたのは荒尾成俊と荒尾嵩就《たかもり》という国家老。二人は藩政をほしいままにして専横が目に余った。

国入りした光仲がまず着手したのは、神君家康を祀る東照宮の勧請だった。自分が家康の曽孫だと示すためである。しかし若殿扱いされて政権を奪えず、最終的に家老2人を追放し、光仲が親政を敷くにはおよそ10年の歳月を要した。

光仲が死去した後、池田家が代々つないだが、10代慶行《よしゆき》が世継ぎのないまま17歳の若さで没する。慶行の弟裕之進を後継にする旨を幕府に申し出たが、幕府はこれを却下し、金沢藩前田家から慶栄《よしたか》を迎えるよう命じた。池田家にとっては他家からの初めての養子である。藩内に動揺が広がった。

ところが鳥取に向かう途中、立ち寄った伏見藩邸で突如慶栄が亡くなった。慶栄の入封を快く思わない鳥取藩が毒を盛ったのではないか……。そんな声が巷にあふれ、送り出した側の前田家では、実際にそう捉えていたと伝えられる。

慶栄の急死を受け、次に幕府が押し付けたのが、水戸藩主徳川斉昭《なりあき》の5男慶徳《よしのり》だった。なお、岡山藩でもこの時期、斉昭9男の茂政《もちまさ》を藩主に受け入れている。

12代藩主に収まった慶徳は攘夷派の巨頭斉昭の子らしく、1853年のペリー来航では強硬に打ち払いを主張。幕府に攘夷の建白をしばしば行った。

藩内も慶徳の影響で尊攘派が優勢になる。そうなると準親藩を標榜する藩重臣との軋轢は増していく。さらに実弟で14代将軍家茂《いえもち》の後見役を務め、幕政を取り仕切る一橋慶喜《よしのぶ》（後の15代将軍）との関係にも軋みが生じた。慶徳は父斉昭譲りの尊攘論をトーンダウンせざるを得なくなった。

尊攘派と佐幕派のテロが吹き荒れた1863年、藩内の尊攘派22名が佐幕派の重臣黒部権之介を暗殺する事件が勃発した。翌年には長州攻めを主張した佐幕派の堀庄次郎も殺された。慶徳は自分を慕った藩内の尊攘派を一掃することで、騒動の沈静化を図った。尊攘派としては梯子を外された格好だろう。

しかし元来が尊攘派。慶徳は1868年正月の鳥羽伏見の戦いではいち早く新政府側で参戦し、戦後、その軍功で新たに3万石を与えられたのである。

●若桜《わかさ》（西館新田《にしだてしんでん》）藩　池田家　2万石　外様　若桜陣屋　鳥取県若桜町

鳥取藩2代藩主の池田綱清《つなきよ》は弟清定《きよさだ》を後継に据えようとしていた。だが藩内の反対で不可能になり、代償として1700年、領地を分与して支藩を立てさせた。城下にあった当主の屋敷の位置から西館と呼ばれた。1868年に若桜に陣屋を移している。

●鹿野《しかの》（東館新田《ひがしだてしんでん》）藩　池田家　3万石　外様　鹿野陣屋　鳥取県鳥取市

1685年、鳥取藩初代池田光仲が、次男の仲澄《なかずみ》に封地を与えて支藩を立てさせた。城下にあった当主の屋敷が鳥取城の東に位置していたため東館と称された。1868年12月、最後の藩主徳澄《のりずみ》が鹿野（鹿奴《しかぬ》）に新たに陣屋を構え、鹿野藩を名乗った。

松江藩《まつえ》〈島根県〉

大名家＝松平（越前）家　石高＝18万6000石
大名種別＝親藩　城・陣屋＝松江城
所在地＝島根県松江市

わずか1両の金も借りられず涙を流したお殿様

関ケ原合戦を制した徳川家康は、中国地方全域を所領してきた毛利輝元を現在の山口県に封じ込め、1600年、空白となった松江に堀尾忠氏《ただうじ》を送った。

忠氏は隠居していた父吉晴《よしはる》と国づくりを進めたが、在封4年、27歳で死去し、後継者の忠晴《ただはる》が6歳と幼かったため、吉晴が後見して藩政をとった。

吉晴は居城とした冨田城が不便だからと亀田山への移転を決める。1607年に築城を始めたが、完成の直前に世を去った。この城が2015年に国宝に指定された松江城だ。しかし忠晴が35歳で没し、嗣子がなかったために堀尾家は絶家となった。

築城に関しては、こんな話が伝わっている。何度積んでも石垣が崩れ、理由を探ろうと石組みを掘り起こすと、槍が突き刺さった頭蓋骨が見つかった。吉晴は祟りを鎮めるために人柱を立てることにし、盆踊りで最も踊りが上手な娘を石垣に生き埋めにした。その後、盆踊りが開かれると城が揺れ、盆踊りは禁止になったとのことだ。

松江の城下では今でも盆踊り大会は開かれない。娘の祟りは続いている？

次の京極家も短命だった。将軍秀忠の娘初姫を娶った京極忠高《ただたか》は、在封3年余で病死。こちらも継嗣がなく断絶に処せられた。京極家では甥の高和《たかかず》の襲封を望んだが、忠高が初姫を冷遇し、怒った秀忠が高和の襲封を認めなかったからだという。

1638年に家康の孫の松平（越前）直政が入り、松平（越前）家が定着する。直政は14歳で大坂の陣に出陣し、真田信繁（幸村）が築いた真田丸に単騎で突進した。直政の武勇を称賛した信繁は愛用の軍扇を投げ与えたという。直政にはこんな逸話も残る。ある夜、直政の前に人柱にされた娘が現れた。娘は「この城をよこせ」といい、直政が魚のコノシロを供えたところ、亡霊は二度と現れなかったそうだ。

そんな豪気な直政だが、松江にくるまでに何度も転封を強いられ、懐事情は火の車。金に細かく、幕臣から吝嗇《りんしょくか》家と陰口を叩かれる始末だった。

松平（越前）家の財政問題は代を重ねるごとに深刻化、相次ぐ災害や藩邸の火事が追い打ちをかける。5代宣維《のぶずみ》は婚儀を催す金がなくて式を遅らせ、6代宗衍《むねのぶ》に至っては参勤交代の費用が捻出できず、病気と偽って8年も国許に帰らなかった。

江戸市中では「出羽様（宗衍）御滅亡」とささやかれ、松江藩は実質倒産とみなされた。生活費に困った宗衍は1両を借りるために小姓を金策に走らせたが、大名も商人も黙殺して誰も貸さなかった。あまりの情けなさに宗衍は泣き崩れたという。

そして、破産状態のなかで藩主に就いたのが7代治郷《はるさと》だった。治郷は朝日丹波茂保《しげやす》を抜擢し再建を託した。朝日は大鉈を振るって借財の利息を棒引きにし、商人たちに元金のみ長期分割払いにするという条件を呑ませた。家臣の大量リストラに加え、特権を貪ってきた役人を次々更迭。非常時だからと農民に7割という高率の年貢も課した。朝日の非情の改革で財政はV字回復し、危機を脱することができたのだ。

さて、治郷は不昧の号をもつ大名茶人として知られ、収集した茶器のうち13点が国宝に指定されている。治郷は茶器を買いまくり、再び財政を傾けた放蕩の人のように思われているが、収集家の田沼意次が失脚、豪商冬木屋も倒産して茶器を手放した。それを買い叩いたというのが実情だった。松江はしっとりとした文化が薫る町だが、不昧がもち込んだ茶道の影響とされ、今でも不昧に対する市民の崇敬は篤い。

●広瀬《ひろせ》藩　松平（越前）家　3万石　親藩　広瀬陣屋　島根県安来市

戦国時代には尼子氏の拠点として栄えた富田に、1666年、松江藩松平（越前）家2代の綱隆《つなたか》が、弟近栄《ちかよし》に3万石を分与し支藩を立てさせた。近栄は宗家高田藩で起きた「越後騒動」に絡んで石高を減らされたが、その後にもどされ事なきを得た。

●母里《もり》藩　松平（越前）家　1万石　親藩　母里陣屋　島根県安来市

広瀬藩同様、兄綱隆から隆政が1万石を与えられて支藩を設立した。江戸中期には家臣によるお家乗っ取り事件があったが、松江藩が介入、首謀者を斬首に処した。

浜田《はまだ》藩〈島根県〉

大名家＝松平（越智）家　石高＝6万1000石
大名種別＝親藩　城・陣屋＝浜田城
所在地＝島根県浜田市

密偵の間宮林蔵が暴いた老中首座の密貿易

関ケ原合戦後、古田重治《しげはる》が入って立藩した。2代重恒《しげつね》のとき「古田騒動」と呼ばれる家内不和が起きる。世継ぎのいない重恒の後継を狙い、家老で一門の古田左京が自分の孫を藩主に就けようと暗躍したが、忠臣の働きで悪事が露見。左京派21人が処刑されたという。一方で家臣の虚言を信じた暗愚の重恒が、無実の左京たちを殺した冤罪事件だと伝える記録も残る。どちらが真実なのかはもはや藪の中というしかない。いずれにせよ重恒は騒動の責任を取らされ、1648年に浜田を除封になった。

続いて浜田に入ったのは松平（松井）康映《やすてる》だった。康映の父康重《やすしげ》は徳川家康のご落胤とされる。定着するかに見えた当家だが、5代康福《やすよし》が茨城県の古河に移され、およそ110年の統治は終わった。康福はこの転封に不満だったという。

康福の後には徳川四天王、本多忠勝の嫡流忠敞《ただひろ》が封じられた。しかし忠敞に続き2代忠盈《ただみつ》が早世すると、松平（松井）康福は復帰のチャンスと見て、就いていた老中職の権限を行使し、３代本多忠粛《ただよし》を岡崎に移動させて浜田にもどってきたのだ。
故地に帰還した松平（松井）家だが、３代目の康任《やすとう》は政敵を蹴散らし、ついに老中首座にまで上り詰めた。とはいえ最高権力者の座も1年ほど。元来、賄賂ウエルカムの康任は、出石藩家老の仙石左京から６０００両をもらい、姪を嫁にくれてやった。これがつまずきの呼び水になった。左京が出石藩乗っ取りを企てたという「仙石騒動」の裁定に水野忠邦《ただくに》が乗り出し、賄賂がばれて康任は失脚の危機を迎えた。忠邦は目の上のコブ、康任を排除する機会を虎視眈々とうかがってきたのだ。

失脚の決定打になったのは、密偵として送り込んだ間宮林蔵（間宮海峡の発見者）が、浜田藩の密貿易を暴いたことだった。御用商人の会津屋が欝陵島《うつりょうとう》で朝鮮と禁制の交易を続けてきた。１８３５年、康任は強制隠居となり、その子康爵《やすたか》は棚倉へ左遷された。康任を倒した忠邦は老中首座に駆け上がり、幕政を牛耳ることになった。

１８３６年に浜田に配された松平（越智）家は、６代将軍家宣《いえのぶ》の弟清武を祖とする。４代武聡《たけあきら》は養子で、水戸藩徳川斉昭《なりあき》の10男だった。15代将軍になる慶喜《よしのぶ》の弟である。
武聡は１８６６年、第2次長州征討で藩兵を率いて浜田口を攻めた。しかし長州藩の大村益次郎に敗れて城にもどった。追撃してきた長州勢が浜田に迫ると、武聡は城を捨て松江領に逃げ込んだ。城下は焼かれ、城を長州が占拠したため、武聡は飛び地の鶴田《たづた》（岡山県津山市）に仮陣屋を置いた。浜田藩は鶴田で明治を迎えたのである。

津和野藩《つわの》〈島根県〉

大名家＝亀井家　石高＝4万3000石
大名種別＝外様　城・陣屋＝津和野城
所在地＝島根県津和野町

徳川家康の孫千姫の拉致を画策した坂崎直盛《なおもり》

宇喜田詮家《あきいえ》は豊臣五大老宇喜多《うきた》秀家の従兄。年下の秀家に仕えていたが折り合いが悪く、秀家が関ケ原合戦で西軍の副大将に担がれると家康に走り、関ケ原の軍功により津和野をもらった。その際、宇喜田姓を家康が嫌い、坂崎直盛に改名した。

坂崎直盛といえば大坂夏の陣で、豊臣秀頼の正室千姫（家康の孫）を焼け落ちる大坂城から助け出し、感謝した家康が千姫を嫁がせると約束したが、救出で火傷した直盛の顔が怖いと千姫が拒否。千姫に恋い焦がれた直盛は千姫を略奪しようとするが、計画が露見し、幕吏に江戸湯島の屋敷を囲まれて死去したとされる。

たまたま大坂城を出た千姫を発見し、徳川の陣屋に連れていっただけ。千姫の再嫁先を見つけるよう依頼されたが、本多忠刻《ただとき》と千姫の婚姻が決まり、面子を潰されて縁談を壊すために千姫拉致を目論んだ——など諸説が入り乱れる。直盛の死因も家臣に殺されたとも、柳生宗矩《むねのり》の説得で自害したとも伝えられる。奪取計画が発覚し、屋敷を包囲され1616年に死んだのは事実のようで、坂崎家は一代で廃絶になった。

翌年、鳥取県の鹿野から亀井政矩《まさのり》が封じられ、亀井家が明治まで続く。

亀井家に暗雲が垂れ込めたのは、政矩の在任2年目のことだった。政矩が落馬事故で急死し、後継者はわずか3歳の茲政《これまさ》。この時代、15歳以上でないと藩主には就けないとされていた。つまり亀井家は即刻改易というわけである。

茲政の母光明院は、茲政の年齢を15歳と偽って幕府に届けた。通常ならありえないが、これがすんなり認められた。というのも、光明院の父が家康のご落胤とされた松平（松井）康重《やすしげ》だったからだ。岸和田藩主の康重の後見を条件に茲政が襲封した。

さて、亀井家の家臣は旧尼子氏に仕えていた新規採用グループと、以前からの譜代グループの二つに分かれていた。両者は反目を深め、対立は先鋭化していった。幼少の茲政では抑えられないと幕府が介入し、尼子旧臣派80人に切腹や追放処分を下し争議を鎮めた。お家騒動で改易を食らわなかったのは康重の血筋ということだろう。

3代茲親《これちか》も危うく大事件を起こしかけた。勅使の接待役を命じられ、作法の指導を受けたのが〝忠臣蔵〟の吉良上野介義央《こうずけのすけよしひさ》だった。数々の嫌がらせを受け茲親は吉良を討つと決めた。決意を聞いた茲親の家臣が慌てて吉良に進物を奮発すると、吉良は手の平を返し親切に教えるようになったという。浅野内匠頭長矩《たくみのかみながのり》が吉良に斬りかかる1年前のこととされるが、この話は後世の創作とする説も根強い。

津山藩《つやま》〈岡山県〉

大名家＝松平（越前）家　石高＝10万石
大名種別＝親藩　城・陣屋＝津山城
所在地＝岡山県津山市

除封された家康の次男結城秀康の嫡流が復活

１６０３年に森忠政が18万６０００石で封じられ津山藩が成立した。森家は戦国期から武勇の家として名高く、織田信長に仕えた可成《よしなり》が姉川の戦いで戦死。可成の２男蘭丸、３男坊丸、４男力丸が本能寺の変で信長と運命をともにした。嫡男の長可《ながよし》も小牧長久手の戦いで死んでいる。忠政は可成の子では唯一の生き残りだった。徳川家康が忠政に大封を託したのは壮絶な森家の経歴に敬意を表したからだろう。

入封した忠政は、武勇の家にふさわしい巨大な城を築く。櫓《やぐら》の数は77棟と姫路城や広島城よりも多かった。城の完成にともない地名を鶴山から津山に改めた。

とはいえ森家は家督相続で苦労した。忠政は外孫の長継を養子に迎えた。長継は自分の子長成が成長するまでの間、養子の長武《ながたけ》に藩政を任せた。長武が長成に藩主を返上するまでに一悶着あったが、何とか長成が襲封することができた。ところが長成の養子衆利《あつとし》（長継の24男）が１６９７年に乱心し、突如森家は津山藩を追われたのだ。

幕府は外様ながらも名跡を残すため、宗家に赤穂藩、分家に三日月藩、新見藩（縁戚の関家）での存続を許した。武勇の家のブランド強しといったところか。

森家改易の翌年、松平（越前）宣富《のぶとみ》が10万石で津山に入った、宣富の養父光長は家康の次男結城秀康《ひでやす》の嫡孫だ。新潟の高田藩で家臣間の騒動を抑えられず、1681年に領地を没収され、四国の松山に配流（越後騒動＝高田藩参照）となった。その17年後の1698年に光長の系譜のお家再興が津山で許されたのだ。

譜代や外様のお家再興は1～2万石が相場である。10万石での再興は将軍家の系譜だからだ。松平（越前）家の宗家は福井藩だが、福井は秀康次男の流れなのに対して津山は秀康長男の家。石高は福井藩より低かったものの高い格式を与えられた。

この家も嗣子問題でトラブルが続く。宣富の没後に相続した浅五郎が11歳で早世。早くも2代で断絶の危機を迎えた。同族の白河藩主松平知清《ともきよ》の3男長熙《ながひろ》の養子を認めてもらったが、ペナルティとして石高は半減の5万石に落とされた。さらに長熙にも子がなく、今度も同じく同族の松江藩から長孝にきてもらい系譜をつないだ。

8代斉民《なりたみ》も養子だった。それも11代将軍家斉《いえなり》の14男。斉民の襲封で石高も以前の10万石にもどった。家斉の子たちは諸藩に養子にいったが、総じて無能でハズレばかり。ところが斉民は学問に熱心で、ことに洋学には力を入れた。津山は江戸後期、洋学では国内最先端を走り、今でも好学の気風が残るのは斉民の功績といっていい。

岡山《おかやま》（備前《びぜん》）藩〈岡山県〉

大名家＝池田家　石高＝31万5000石
大名種別＝外様　城・陣屋＝岡山城
所在地＝岡山県岡山市

関ケ原で寝返った小早川秀秋《ひであき》が21歳で不審死

岡山58万石の太守だった宇喜田秀家は、西軍の副大将として戦った関ケ原合戦で大敗北を喫した。戦後、薩摩に逃れたが、1606年に捕らえられ八丈島に流された。罪人となった秀家は浮田と改姓させられ、厳しい島暮らしを送った。支えは妻豪姫《ごうひめ》の実家、金沢藩前田家からの仕送りで、八丈島入りの50年後、83歳で亡くなった。

合戦の前、宇喜田家では家内抗争が激化し、秀家自身も襲撃される事態に陥っていた。秀家は西軍の主力となる1万7000人の兵を率いて関ケ原に参陣したが、お家騒動から統率力を欠き、西軍敗北の要因にもなった。

秀家の除封後に岡山に封じられたのが、合戦当日に寝返り、東軍を勝利に導いた小早川秀秋だった。秀秋は豊臣秀吉の正室高台院（おね）の甥である。豊臣家を相続できる立場にあったが、秀吉に秀頼が生まれたことで小早川家に養子に出された。さらに秀吉により領していた筑前国を改易され、大減封で福井の北ノ庄への転封を命じられた。豊臣に対する不信が生じていて、徳川家康はここに付け込んだというわけだ。

岡山に入部したあたりから、秀秋の行動に奇異が見られるようになった。罪のない領民を手にかけ、鷹狩りの途中で立ち寄った農家では、些細なことに腹を立てて子どもを斬首し、それを諫める忠臣も殺した。多くの家臣が離脱し、重臣の稲葉正成も秀秋のもとを去った。この正成の後妻が将軍家光の乳母になる春日局（福）だ。

在封わずか2年、秀秋は21歳で没した。手打ちにしようとした小姓に逆襲された、酒の飲み過ぎにより肝硬変で病没したなど諸説が流布されるが、関ケ原で裏切った大谷吉継《よしつぐ》の怨霊に祟られて自害したとの噂が当時、巷を駆けめぐった。

秀秋の死で動揺広がる岡山に1603年、姫路藩主池田輝政の次男忠継が送られた。ところが忠継は17歳で早世し、家督を継承した輝政3男の忠雄《ただかつ》も31歳で病没する。忠雄の嗣子は3歳の光仲と決まっていたが、幕府は幼過ぎるとクレームをつけ、指示したのが鳥取藩主池田光政との従兄弟どうしによる領地替えだった。

かくして1632年、岡山に光政が入封することになった。光政の父利隆は輝政の嫡男で、いわば光政の系譜は池田家の嫡流だ。以後、池田家が明治まで10代続く。

光政は儒教をベースに仁政を敷き、新田開発や殖産興業に邁進した。閑谷《しずたに》学校を開設するなど、江戸初期を代表する名君とされる。しかし、幕政にも仁政を求める建白書を出したことで幕府との関係に波風が立つ。光政は大封であっても幕政に発言権のない外様。幕府から煙たがられ、1672年に引退を余儀なくされたのだ。

さて、光政の血統を伝えた池田家だったが、7代斉敏《なりとし》で嗣子が絶え、8代慶政《よしまさ》は九州中津藩奥平昌高の4男だった。次の9代茂政《もちまさ》も水戸藩からだが、この養子縁組には藩内尊攘派の策謀があった。牧野権六郎《ごんろくろう》、江見鋭馬《えみえいま》は攘夷派の大立者、水戸の徳川斉《なり》昭《あき》の9男茂政を迎えることで、岡山藩を尊攘に染め上げようとしたのだ。

牧野らの期待に応え、茂政は尊攘で藩論を主導していく。だが、それは幕政を握る実兄の一橋慶喜《よしのぶ》（後の15代将軍）と敵対することにもつながった。藩内の尊攘派からは突き上げられ、幕府からは警戒される。茂政が板挟みの苦しみから救われ、勤王の旗幟《きし》を鮮明にできたのは、1868年1月の鳥羽伏見の戦い以降のことである。

●鴨方《かもがた》藩　池田家　2万5000石　外様　鴨方陣屋　岡山県浅口市

岡山藩主池田光政の次男政言《まさこと》が、父から封地を分与され立藩した。とはいえ藩庁はなく、代々の藩主は岡山城下に居住した。典型的な藩内支藩で、明治元年になって鴨方に陣屋を構えた。なお、岡山藩の最後の藩主は鴨方藩が送り出した章政《あきまさ》である。

●生坂《いくさか》藩　池田家　1万5000石　外様　生坂陣屋　岡山県倉敷市

池田光政の3男輝録《てるとし》が鴨方同様、父から封地をもらって藩を設立した。鴨方とは兄弟藩である。こちらも完全なる藩内支藩で、藩内統治は岡山藩が行っていた。生坂に陣屋を置いたのは、鴨方よりも遅く、明治3（1870）年になってからだった。

備中松山《びっちゅうまつやま》（高梁《たかはし》）藩〈岡山県〉

大名家＝板倉家　石高＝5万石
大名種別＝譜代　城・陣屋＝備中松山城
所在地＝岡山県高梁市

奇跡の改革を成し遂げた近世の偉人山田方谷《ほうこく》

出入りが激しかった備中松山も、１７４４年に板倉家が入って落ち着いた。江戸後期になるとこの藩も財政問題に悩み、借財が山のように積み上がった。松平定信の孫の7代勝静《かつきよ》（桑名藩からきた養子）は、儒学者の山田方谷を登用し再建を託した。

方谷は膨大な借金を10年で完済しただけでなく、10万両の貯えを藩にもたらした。その手法は領民に負担を押し付けるのではなく、民の懐も温めるというもの。たとえば特産となった備中鍬《びっちゅうくわ》の生産では、領内の砂鉄を利用して鍬をつくらせ、商人を通さずに江戸で藩が直販した。生産者に少しでも多くの利潤を還元するためである。「民あっての国」という理念のもと、農民に寄り添った諸策で実収入20万石の裕福な藩に育て上げた。近世を代表する偉人として、評価は近年とみに高まっている。

方谷の唯一の悔いは、佐幕を貫き藩を窮地に追い込んだ勝静を藩主から引きずり降ろしたこと。新政府から出仕要請があったが、地元に残り教育者として生涯を終えた。

〈岡山県にあった藩〉

勝山《かつやま》（真島《まじま》）藩

三浦家　2万3000石　譜代　勝山城　岡山県真庭市

蒲倉幕府の有力御家人・三浦氏が室町初期から勝山を領してきたが、1576年に毛利・宇喜田連合軍に敗れて三浦家は滅亡した。1764年、三浦氏の血統につながる三浦明次《あきつぎ》が故地に封じられ、10代100年余の治世を重ねて廃藩置県に至った。

庭瀬《にわせ》藩

板倉家　2万石　譜代　庭瀬陣屋　岡山県岡山市

宇喜田秀家と喧嘩別れした元家臣の戸川逵安《みちやす》が、関ケ原合戦で東軍に走り庭瀬藩を立てた。戸川家の除封後は譜代藩になり、1699年に板倉重高《しげたか》が封じられて11代を重ねた。備中松山藩は同族だが、戊辰戦争では佐幕の備中松山と戦火を交えている。

足守《あしもり》藩

木下家　2万5000石　外様　足守陣屋　岡山県岡山市

関ケ原合戦の翌年、豊臣秀吉の正室高台院（おね）の実兄木下家定《いえさだ》が立藩した。家定没後に相続でもめて木下家は除封になるが、大坂の陣で利房が戦功を挙げ、再び足守は木下家の所領になった。なお、家定の5男が関ケ原で寝返った小早川秀秋である。

浅尾《あさお》藩

蒔田家　1万石　外様　浅尾陣屋　岡山県総社市

蒔田広定は関ケ原で西軍に属したが、許されて1万石で立藩する。次の定正が弟に領地を分与し、1万石割れで旗本に下った。幕末の1863年、当主の広孝が江戸市中の警備を担って高直しを認められ、約230年ぶりに万石を回復し大名にもどれた。

岡田《おかだ》藩

伊東家　1万石　外様　岡田陣屋　岡山県倉敷市

伊東長実《ながざね》は関ケ原合戦で石田三成の挙兵を徳川に内報。大坂の陣では大坂方で戦ったが、関ケ原の旧功を認められ岡田を安堵された。江戸期を通じ大名の座を維持する。

新見《にいみ》藩

関家　1万8000石　外様　新見陣屋　岡山県新見市

1697年に本家の津山藩森家が改易になり、名跡存続から森一族の関長治に新見が与えられた。実際の収入は石高の半分ほどしかなく、財政難に悩まされ続けた。

成羽《なりわ》藩

山崎家　1万2000石　外様　成羽陣屋　岡山県高梁市

改易になった山崎家の再興が許され、1658年、山崎豊治《とよはる》が父の治めていた成羽にもどり旗本に取り立てられた。明治元年、1万石超えを認められ大名に復活した。

福山藩《ふくやま》〈広島県〉

大名家＝阿部家　石高＝11万石
大名種別＝譜代　城・陣屋＝福山城
所在地＝広島県福山市

開幕以来の難局を一人で背負った阿部正弘《まさひろ》

広島藩主の福島正則《まさのり》が1619年に改易になり、広島藩から分離された福山に水野勝成が封じられた。勝成は徳川家康の母方の従弟だが、父の家臣を殺して20歳で勘当されて出奔。諸国放浪中にも自分を馬鹿にした茶坊主を斬るなど、些細なことで切れてトラブルを起こし荒《すさ》んだ暮らしを続けた。

35歳で流浪生活に終止符を打ち、家康のもとに馳せ参じた。関ケ原合戦、大坂の陣で抜群の働きをし、武家官職名の日向守《ひゅうがのかみ》から「鬼日向」と恐れられた。福山入封は西国の外様を牽制するためであり、周辺の毛利や池田などは嫌なやつがきたと思ったはずである。粗暴だった勝成も、後半生では丸くなり家臣からも慕われたという。

家康の母の血筋ということで名門扱いされた水野家だが、福山水野家5代の勝岑《かつみね》が2歳で夭逝し改易になった。とはいえ、水野の宗家とあって廃絶にはできない。一門の勝長に相続が許され、最終的に茨木県の結城で家名をつないだ。

水野の後、松平（奥平）を経て、1710年に福山を託されたのが阿部正邦だった。阿部家は幕閣中枢を担う譜代名家で、福山藩3代正右《まさすけ》、4代正倫《まさとも》、5代正精《まさきよ》に続き、7代正弘も25歳の若さで老中に抜擢された。切れ者と評判の正弘は27歳で老中首座に就任し、以降、政権トップとして幕末の舵取り役を担う。

1853年、ペリー提督率いる4隻の黒船が開国を求め浦賀に来航した。このとき正弘は34歳だった。この国難に際し、正弘は従来幕政参加を禁じられてきた、朝廷、親藩、外様にも広く意見を求めた。挙国一致が目的だったが、結果として、朝廷や外様雄藩が政局の表舞台に登場する呼び水になった。

もともと正弘は鎖国堅持が持論だったが、水戸藩前藩主の徳川斉昭《なりあき》が主張するような、単純な攘夷論では国を守れないと判断するに至る。1854年、攘夷派を抑え、日米和親条約を締結した。200年以上続いた鎖国体制もここに終焉を迎えた。

正弘に対して、優柔不断でアメリカの圧力に屈したとの評価は当時からあったが、真意は国を開いて国力を富ませ、列強の脅威に備えるというもの。実際、長崎海軍伝習所を開くなど海防の強化に努めた。また下田、箱館を開港したが、燃料や食糧を供給するのみで通商は拒否している。外交的にはアメリカの敗北だった。

幕末の大嵐のなかで、一人踏ん張った若い殿様がいた。和親条約調印の3年後、正弘は突如世を去った。享年39である。死因は心労によるとされている。

広島《ひろしま》(芸州《げいしゅう》)藩〈広島県〉

大名家＝浅野家　石高＝42万6000石
大名種別＝外様　城・陣屋＝広島城
所在地＝広島県広島市

本多正純の謀略で改易に追い込まれた福島正則《まさのり》

広島は112万石で中国地方を所領した毛利輝元の本拠地だった。徳川家康は関ケ原合戦で西軍の総大将に就いた輝元を山口県に移して封じ込め、東軍の主力を担った福島正則に恩賞として広島藩50万石を与えた。

正則は豊臣秀吉の母方の従弟で、その縁から加藤清正とともに実の子同然に秀吉に育てられた。関ケ原で家康に与したのは、単純に石田三成憎しから。戦後に天下取りの野望を隠さなくなった家康を見て、東軍参加を後悔したという。大坂の陣では参陣を認められずに江戸に留め置かれ、このときに改易のカウントダウンは始まった。

大坂夏の陣の翌々年、広島城下を大洪水が襲い、城が損壊した。正則は幕閣中枢に座る本多正純を通し、城の修築を幕府に願い出て石垣を直した。しかし突き付けられたのは、武家諸法度違反の無断城修復の罪。正純にはめられた正則は1619年、わずか4万5000石で高井野（長野県高山村）への転封を命じられた。これは実質的な流罪である。正則は5年後、失意のうちに64歳で世を去った。

力技で政則を追放した広島に、浅野長晟《ながあきら》が送られた。長晟の父長政は浅野家の婿養子になって浅野家を相続し、浅野の養女になっていた秀吉正室の高台院（おね）とは義理の姉弟関係だ。秀吉に取り立てられ、五奉行の筆頭として豊臣家を支えた。

長政は秀吉没後に家康暗殺を企てたとして隠居させられたが、嫡男幸長《よしなが》が関ケ原で東軍に与して大活躍。浅野家はその軍功で家康から和歌山藩を任された。そして幸長が嗣子なく没し、長政次男の長晟が家督を継いで広島に転封してきたという流れである。結局、浅野家が広島で12代を重ね、明治を迎えることになった。

豊臣恩顧の系譜ながら、熊本の加藤家のように改易の憂き目に遭わなかったのは、長晟が１６１６年に家康の三女振姫《ふりひめ》を正室にし、翌年家康の外孫にあたる光晟《みつあきら》が生まれたからである。浅野家に徳川の血が入り、縁戚としてお家安泰につながった。

ちなみに、振姫はこれが再婚（初婚は蒲生秀行で死別）だった。嫁いだときにはすでに36歳になっていて、婿になる長晟は8歳年下。有力外様を取り込みたい徳川と、徳川との関係を深めたい浅野の思惑が合致した結果である。振姫は産後の肥立ちが悪かったようで、光晟出産の16日後に亡くなった。

以降、光晟の血統が相続を重ねていくが、実は光晟には腹違いの兄長治がいた。振姫の子光晟の浅野家相続が既定路線となり、１６３２年、長治に5万石を分与し三次《みよし》藩（三次市）を立てさせた。長治がどんな思いで宗家を出たかは不明だが、三次藩は相続問題でつまずき、1720年に廃藩になった。

さて、浅野家は商売上手といわれるほど財政運営に長け、相場を見定めながら米を売買して莫大な利益を上げ、特産物の鉄、木綿、紙、塩に専売制を敷いて藩庫を潤した。一方で1718年の全藩大一揆を筆頭に、約130回もの一揆を招いている。利益は領民に還元されることはなく、仁政とは程遠い領国経営だったというしかない。

幕末の広島藩は尊王色を鮮明にし、1866年の第二次長州征討では先鋒を命じられたが、それを拒否して長州、薩摩に近づいた。翌年9月には「薩長芸（広島藩）盟約」を結び、倒幕路線に突き進んだ。

だが、土佐藩の後藤象二郎《しょうじろう》に説得され、将軍慶喜《よしのぶ》が朝廷に政権を返上する大政奉還路線にシフトしたことで、徳川打倒にこだわる薩長と反目。政局の主流から外れ、明治になって薩長の後塵を拝する要因になった。なお、最後の藩主12代長勲《ながこと》は昭和12年まで生き、幕末史の生き証人として多数の回顧録を残している。

●広島新田藩《ひろしましんでんはん》　浅野家　3万石　外様　吉田陣屋　広島県安芸高田市

1730年、広島藩5代藩主の吉長《よしなが》が弟の長賢《ながかた》に3万石を分与して藩を立てさせた。封地を所有しない米を給付されるだけの藩内支藩として出発したが、幕末の1864年、毛利元就《もとなり》の本拠地だった吉田（安芸高田市）に領地をもらい陣屋を構えた。

長州《ちょうしゅう》（萩《はぎ》）藩〈山口県〉

大名家＝毛利家　石高＝36万9000石
大名種別＝外様　城・陣屋＝萩城
所在地＝山口県萩市

徳川への恨みを明治維新で晴らした毛利家

毛利輝元は中国地方8か国（112万石）を領有する大大名で、豊臣政権を支える五大老の一人だった。1600年の関ケ原合戦では石田三成に西軍の総大将に担ぎ出されたが、一族の吉川《きっかわ》広家を通じて徳川家康と所領安堵の密約を交わし、関ケ原には大軍を派遣したが戦闘には参加せず、自身も大坂城から一歩も動かなかった。

実は輝元は、関ケ原合戦の陰で加藤嘉明《よしあき》の居城松前城《まさきじょう》（愛媛県松前町）を攻めるなど、自領拡大の戦を西国各地で起こしていた。東国は家康、畿内は豊臣で、西国は自分だという「天下三分の計」の構想を輝元は描いていたという。

戦後、家康は輝元が行った西国での戦闘に怒り、東国勝利の勢いを駆って輝元から6か国を奪い、周防、長門2か国（現山口県）への転封を命じた。築城場所も輝元が希望した山口を認めず、日本海に面した当時寒村だった萩に閉じ込めた。輝元の「天下三分の計」はかくしてぶち壊されたのだ。

112万石から36万9000石への大減封で、毛利家の財政は悪化した。移転費用や家臣のリストラ代、城や城下町の建設費も重なり、関ケ原合戦の前に旧領で徴収した年貢の返納も各大名から求められた。さらに家康から江戸城や駿府城の普請を要求され、塗炭の苦しみを味わった輝元は、領地返上を考えたと記録に残っている。

所領安堵の約束は何だったんだ……。屈辱のなかで輝元に徳川に対する怨嗟が募り、それが代々継承され、幕末に噴出して倒幕の原動力になったとされる。

なお、正月に家臣を集め、家老が藩主に「徳川との戦の準備が整いましたが、いかが取り計らいましょうか」と問い、それに対して「未だその時期にあらず」と藩主が返すのが毎年の習わしだったと伝えられるが、後世につくられた俗説のようだ。

大坂の陣後、輝元に再び危機が訪れた。輝元の従弟で重臣の内藤元盛《もともり》が佐野道可《どうか》と名を変え、大坂方で戦ったのだ。関与を疑われたらたまらない。輝元は逃亡した元盛を京で捕縛。自刃に追い込み、その子2人も死に追いやった。

一方、元盛の参陣は、輝元と執政の毛利秀元の密命を受けてのものだとする説もある。秀元は大阪の陣に自ら志願して家康のもとで大活躍した。豊臣の敗色濃厚な戦に、あえてリスクを冒す理由も見当たらない。元盛の単独行動と見るのが妥当だろう。

さて、輝元以降、困窮が常態化した長州藩だが、江戸中期に名君が登場する。7代藩主重就《しげなり》である。重就は60万石分に相当する膨大な借財を前に改革を決意。領地内の収穫高の計り直しを行い、4万石分の増収を得た。

重就はこの4万石を一般会計から切り離し、新たに立ち上げた撫育方《ぶいくかた》という組織の運営費にあてた。撫育方は有望な新規ビジネスを開発するいわば藩内ベンチャーで、重要機密として幕府にも存在を秘した。

撫育方は新田開発のみならず、長州三白《さんぱく》と呼ばれた紙、塩、ロウの生産拡大に貢献し、やがて他藩から下関港に集まる廻船に対し、その積み荷を担保に融資する金融業にも乗り出した。撫育方は年に200万石ともされる金額を稼ぎ出し、この潤沢な資金が幕末に蒸気船や最新銃の購入費となり倒幕運動を支えた。

長州藩が尊王攘夷派の巣窟となったのは、やはり吉田松陰の影響が大きい。1857年に松下村塾を開き、ここから久坂玄瑞《げんずい》や高杉晋作、伊藤博文ほか有為の人材が輩出された。松陰は老中間部詮勝《まなべあきかつ》の暗殺を企てて安政の大獄で斬首されたが、志を受け継いだ弟子たちが尊攘運動に邁進していったのだ。

1862年、13代藩主敬親《たかちか》は藩論を尊王攘夷にまとめ、ここから長州藩は一気に弾みをつけて倒幕にまで突き進んだ。1864年の禁門の変で朝敵とされたが、第二次長州征討では4000人の兵で15万の幕軍を撃退した。

1868年1月の鳥羽伏見の戦いで、最終的に徳川家にとどめを刺す。関ケ原の敗北で僻遠の地に追いやられた藩祖輝元の怨念を晴らしたことになる。

●岩国《いわくに》藩　吉川家　3万石　外様　土居陣屋　山口県岩国市

毛利家の東を守る盾として、吉川広家（毛利輝元の従兄）が岩国に配された。幕府からは大名待遇を受けたが、関ケ原合戦で大減封を食らった毛利輝元は、徳川家康との交渉役だった広家を許さずに藩の設立を認めなかった。宗家とは疎遠だったが、幕末の1856年、長州藩から関係修復の申し出があり、以降、吉川家は宗家と行動をともにする。鳥羽伏見の戦いの後、朝廷から功績が認められ正式に岩国藩を立藩した。

●徳山《とくやま》（下松《くだまつ》）藩　毛利家　4万石　外様　徳山陣屋　山口県周南市

1617年に毛利輝元が次男就隆に領地を分与し支藩を立てさせた。宗家長州藩と一本の松の伐採をめぐって境界争いを起こし、1716年に幕府から廃藩に追い込まれたが、領民や藩士の熱心な再興運動が功を奏し、3年後に再立藩が許された。

●長府《ちょうふ》藩　毛利家　5万石　外様　長府陣屋　山口県下関市

毛利輝元の従弟で、長州藩の藩政を仕切った秀元が輝元に命じられて支藩を設けた。宗家で系譜が絶えた際には、当藩から藩主を送り出してもいる。5代元矩《もとのり》が嗣子なく没して絶家の危機を迎えたが、当藩の支藩・清末藩から養子を迎えて家名を伝えた。

●清末《きよすえ》藩　毛利家　1万石　外様　清末陣屋　山口県下関市

長府藩が1653年に設立した支藩で、長州藩からは孫藩にあたる。継嗣の絶えた長府藩に藩主を送り、併合されて一度消滅したが、1729年に再立藩を果たした。

徳島県・香川県・高知県・愛媛県・福岡県・佐賀県・長崎県・熊本県・大分県・宮崎県・鹿児島県

四国・九州編

徳島(阿波)藩	25万7000石
高松藩	12万石
丸亀藩	5万石
多度津藩	1万石
松山藩	15万石
今治藩	3万5000石
大洲藩	6万石
新谷藩	1万石
宇和島藩	10万石
吉田藩	3万石
西条藩	3万3000石
小松藩	1万石
土佐(高知)藩	20万2000石
高知新田藩	1万3000石
小倉藩	15万石
小倉新田藩	1万石
福岡(筑前)藩	47万3000石
秋月藩	5万石
久留米藩	21万石
柳川(柳河)藩	10万9000石
三池藩	1万石
佐賀(肥前)藩	35万7000石
鹿島藩	2万石
小城藩	7万3000石
蓮池藩	5万2000石
唐津藩	6万石
島原藩	6万5000石
平戸藩	6万1000石
平戸新田藩	1万石
対馬府中藩	10万石格
大村藩	2万7000石
福江(五島)藩	1万2000石
熊本(肥後)藩	54万石
熊本新田藩	3万5000石
宇土藩	3万石
人吉藩	2万2000石
中津藩	10万石
府内藩	2万1000石
杵築藩	3万2000石
日出藩	2万5000石
臼杵藩	5万石
佐伯藩	2万石
森藩	1万2000石
岡(竹田)藩	7万石
延岡藩	7万石
高鍋(財部)藩	2万7000石
佐土原藩	2万7000石
飫肥藩	5万1000石
薩摩(鹿児島)藩	72万9000石

徳島《とくしま》（阿波《あわ》）藩〈徳島県〉

大名家＝蜂須賀家　石高＝25万7000石
大名種別＝外様　城・陣屋＝徳島城
所在地＝徳島県徳島市

関ケ原で自己保身？「阿波の古狸」家政の真実

蜂須賀家政は1585年、豊臣秀吉から阿波一国を与えられた。とはいえ国衆《くにしゅう》や土豪が支配に激しく抵抗、家政は平定するまでに6年の歳月を要した。

家政は「阿波の古狸」と呼ばれ、とかく評判の芳しくない人物だ。原因は関ケ原合戦での対応だった。子の至鎮《よししげ》を東軍に参加させる一方で、西軍にも兵を送った。東西に両天秤をかけるのは他の大名もやったが、姑息とされたのは中立を装って高野山に籠り、家臣を放り出して自己保身に走った点にあるという。

だが家政は関ケ原の前年、福島正則《まさのり》や加藤清正らと石田三成を襲撃している。至鎮の妻は家康の養女で、そもそも家康に近い人物だ。実は合戦の最中、毛利輝元に徳島城を占拠され家政は捕らわれの身だった。西軍に兵を出したのは毛利に強制されたからで、高野山に登ったのは毛利の目を欺くため。古狸は当たらないのではないか。

隠居した家政に代わって至鎮が初代藩主になり江戸時代を迎えた。2代忠英《ただてる》のときに蜂須賀家は騒動に巻き込まれた。当時、藩内の要地に9つの城を設け、それぞれに家老を配置し、領地を与えて治めさせていた。ところが海部《かいふ》城に置いていた益田《ました》長行《ながゆき》が幕閣に賄賂をばらまき、大名になろうと暗躍したのである。

忠英は長行の所領を没収し蟄居させたが、長行は藩が禁制の大船を建造、キリシタンにも融和的だと幕府に訴えたから大事になった。幕府の詮議で藩の疑いは晴れ、長行は処刑されて事件（海部騒動）は収まったが、戦国期さながらの間接統治を許していたことが要因といえる。この事件を契機に藩は統治システムの改変に腰を上げた。

さて、蜂須賀の血統は7代宗英《むねひで》で絶え、8代宗鎮《むねしげ》は高松藩、10代重喜《しげよし》は久保田新田（岩崎）藩から迎えた。13代斉裕《なりひろ》も養子だが、11代将軍家斉《いえなり》の22男だった。

幕末の政局で、斉裕は薩摩藩島津斉彬《なりあきら》や福井藩松平（越前）慶永《よしなが》と幕政改革に臨んだが、将軍家の出身とあって親幕府の枠を超えられず、他の大藩が倒幕にむけて舵を切るなか、徳島藩は取り残され、維新後に精彩を欠く結果を招いた。

なお、淡路島は江戸時代を通じて徳島藩の藩領だったが、淡路の藩士は徳島藩から田舎侍とバカにされ、版籍奉還の際には士分を許されなかった。明治3年、淡路を治めていた家老の稲田家を中心に独立に動き出すと、徳島藩はこれを阻止するために兵を送り、淡路側に死者17人を出す大騒動に発展した。新政府はこの「庚午《こうご》事件」を問題視して、明治4年、淡路島を徳島から切り離して兵庫県に編入したのである。

高《たか》松《まつ》藩〈香川県〉

大名家＝松平（水戸）家　石高＝12万石
大名種別＝親藩　城・陣屋＝高松城
所在地＝香川県高松市

バカ殿が招いた改易事件「生駒騒動」の別の顔

生駒親正《ちかまさ》も関ケ原では蜂須賀家政とほぼ同様の行動をとった。嫡男一正《かずまさ》を徳川家康に従軍させ、西軍に兵を出しつつ自分は高野山に籠った。親正は必死だったはず。戦後、一正に17万石の領地が安堵され、親正の家名存続の願いは成就した。

親正の思いをムダにしたのが、親正の曾孫・3代藩主の高俊だ。高俊は襲封時に幼く、外祖父の津藩主藤堂高虎《とうどうたかとら》が後見した。高虎は家老たちの独走を牽制しようと、前野助左衛門と石崎若狭《わかさ》を登用して重職に就けた。しかし津藩を後ろ盾に前野と石崎が派閥を固めて幅を利かせ始めると、古くから仕えてきた家臣との対立が激化した。

抗争をよそに、高俊は成人しても藩政に興味を示さず、美少年を集めて若衆遊びにふけるばかり。高虎の死後、後見役を継承した津藩2代の藤堂高次は騒動を収束させるため両派に処分を下そうとした。ところが、高俊が急に藩主面をして裁定に異議を唱え、高次が怒って後見役を放り出した。高次という重しが取れたことで混乱は加速、両派の武力衝突が現実のものとなった。ついに幕府が乗り出し、両派の幹部を断罪するとともに、1万石に減封したうえで高俊に秋田の矢島への転封を命じた。

以上が「生駒騒動」の概略だ。家内争議を抑えられなかった責任はあるが、高俊は改易時にすでに29歳。騒動は後見を称して君臨する津藩からの独立劇だった面も否めない。結果として幕府に付け込まれ、外様藩が取り潰された。

生駒家追放後の1642年、幕府は水戸藩初代の徳川頼房《よりふさ》の嫡男、松平頼重《よりしげ》を高松に配した。そもそもこれが狙いで生駒家を改易にしたのかと勘繰りたくもなる。

頼重は本来、水戸藩を継ぐ身だった。父頼房が兄の義直《よしなお》（尾張藩主）と頼宣《よりのぶ》（和歌山藩主）に子どもが生まれていないことに遠慮。頼重の誕生を隠して家臣に育てさせた。そのため尾張、和歌山両家に子ができた以降に誕生した、頼重の弟光圀《みつくに》が水戸藩を相続することになった。頼重を哀れんだ幕府が高松を与えたというわけである。

長幼の序を重んじ、実兄を差し置いて水戸藩主になった光圀は、高松藩2代に自分の嫡男頼常《よりつね》をあて、水戸藩主として頼重嫡男の綱條《つなえだ》を養子に迎えた。水戸藩徳川家と高松藩松平家の系譜を交換したのであった。

さて、高松藩には頼恭《よりたか》（5代藩主）という名君がいた。頼恭は製糖、製塩、綿花栽培を盛んにし、困窮していた藩財政を立て直した。高松藩は明治新政府に100万両を超える金額を引きわたすが、豊かな藩の礎を築いたのがこの頼恭だった。

丸《まる》亀《がめ》藩〈香川県〉

大名家＝京極家　石高＝5万石
大名種別＝外様　城・陣屋＝丸亀城
所在地＝香川県丸亀市

丸亀で家名存続を許された超名門の京極家

1660年、京極高和《たかかず》が封じられ、以後、丸亀は京極家が領有する。京極は近江源氏の名家で、ここ丸亀が本家筋にあたる。松江で忠高が嗣子なく没して改易になったが、通常なら廃絶のところ、忠高の甥高和に特別に相続が認められ、龍野6万石を経て移封してきた。徳川は源氏を称しているが実態は怪しい。「本物」の威光には弱いところがあり、名跡に対するこの大甘の処遇につながったと解説する向きもいる。

丸亀藩では流罪となった鳥居耀蔵《ようぞう》を23年間幽閉していた。耀蔵は老中水野忠邦《ただくに》のもとで江戸南町奉行を務め、「蛮社の獄」ほか数々のでっち上げによる弾圧を行い、「妖怪」と恐れられた人物だ。耀蔵を素材に宮部みゆきが『孤宿の人』を書いている。

●多度津《たどつ》藩　京極家　1万石　外様　多度津陣屋　香川県多度津町

宗家丸亀の断絶を防ぐために1694年に設立された支藩だ。当初は丸亀城内に藩庁を置いたが、多度津に陣屋を構えることを幕府に許され1829年に移った。

松山藩《まつやま》〈愛媛県〉

大名家＝松平（久松）家　石高＝15万石
大名種別＝親藩　城・陣屋＝松山城
所在地＝愛媛県松山市

全国でもトップ級の高い税率に領民が疲弊

関ケ原の戦い後、加藤嘉明《よしあき》が道後平野にそびえる勝山に松山城を築き、20万石で藩を立てた。嘉明は城が完成目前の1627年に会津移封を命じられ、石高倍増の好待遇だったが松山に愛着があり、後ろ髪を引かれる思いで去っていった。

代わりに松山に入ったのは徳川家康の外孫蒲生忠知《がもうただとも》だ。だが入封7年目に30歳で継嗣なく没し、名跡蒲生家は廃絶になった。この家は祟られた家系などといわれ、長生きしていたら家康と天下を争ったといわれる氏郷《うじさと》（忠知の祖父）は40歳、その嫡男で家康の娘振姫《ふりひめ》を娶った秀行《ひでゆき》は30歳、忠知の兄忠郷《たださと》も25歳で他界した。それぞれに毒殺説がつきまとうが、確たる証拠はなく早世の家系だったというしかない。

1635年、外様ばかりだった四国に松平（久松）定行《さだゆき》が入り、松山は以後、親藩になった。定行は徳川家康の母方の甥で、3代将軍家光から四国の監視役を託されての入封だった。幕府が全国支配を盤石にしていく象徴的な藩である。

とはいえ徳川一門の入部は、はたして領民にとって幸いだったのだろうか。

1732年、西日本を記録的な干ばつが襲った。ウンカの大量発生が追い打ちをかけ、麦や米が採れなくなり松山藩では年貢収入がゼロになった。飢饉は領民を直撃、藩内の餓死者は5705人を数えた。問題なのは死者が他藩より異常に多かった点だ。全国で1万数千人が亡くなったが、ほぼ半数は松山藩である。

1741年には3000人の農民が隣藩大洲に土地を捨てて逃げる逃散も起きた。多すぎる餓死者と逃散の原因は、収穫の8割を収奪する苛政による。この税率は全国的に見ても異例で、農民一揆が多かったのも高すぎる税が背後にあった。

松山に俳句を定着させた4代定直《さだなお》や、殖産興業に打ち込んだ11代定通《さだみち》のような名君もいたが、名家ぶって体面ばかりを気にし、視線は領民には向いていなかった。12代勝善《かつよし》（定穀《さだよし》）が典型で、天保の飢饉にあえぐ領民をよそに、江戸城の修築のために3万両をポンと出し、60年も前に落雷で全焼した天守や本丸の再建に乗り出した。結局、疲弊した領民と膨大な借財を残し、松山藩は明治を迎えたのである。

●今治藩《いまばり》　松平（久松）家　3万5000石　譜代　今治城　愛媛県今治市

松平（久松）定房《さだふさ》が兄定行の松山入封に合わせ、今治に送られて立藩した。支藩ではないが松山藩を宗家と仰いで支えた。幕末には佐幕派の松山とは異なり、勤皇に理解を示して温度差を生じた。なお藤堂高虎が築いた天守が復元され人気を集めている。

大洲《おおず》藩〈愛媛県〉

大名家＝加藤家　石高＝6万石
大名種別＝外様　城・陣屋＝大洲城
所在地＝愛媛県大洲市

漁場問題をめぐって松山藩と一触即発の危機も

藤堂高虎《たかとら》、脇坂安治《やすはる》・安元《やすもと》父子などを経て、1617年に大阪の陣の戦功が幕府から認められ、加藤貞泰《さだやす》が米子から入り明治まで加藤家が続いた。

2代藩主泰興《やすおき》は隣藩の松山藩で蒲生忠知《ただとも》の改易があった際、どさくさに乗じ、自領の不便な飛び地と松山領の替地を願い出て了承された。だが変更は在地の人々にとっては一大事。漁業権や農業の水利権、木材伐採や薪《たきぎ》集めができる入会権も失う。

1658年、かつて漁業権をもっていた漁場に松山領の漁民がやってきて、大洲領の漁民と乱闘を繰り広げ、大洲側に死者を出す事件が発生した。怒った泰興は藩兵を出動させ、大砲を引っ張り出して威嚇発射。こうなると松山藩主の松平（久松）定行も黙っていない。外様のくせにといったかどうか。両藩は戦闘モードに突入する。

土佐藩が仲裁に入っていったんは和解したが、遺恨は解消されず、両藩はその後も入会権や水利権で頻繁にもめごとを起こすことになった。

大洲藩は紙の生産が盛んだった。ところが利益は大商人が独占して領民の手にはわたらない。商人の横暴を訴え出ても賄賂漬けの役人がスルーした。代々の藩主は陽明学を尊重して仁政を説いたが、実態はこんなものだった。

ついに1750年、1万8000人の領民が内ノ子河原（内子町）に集結。富豪の暴利取り締まりや汚職役人の罷免を藩に求め、豪商の屋敷を次々襲撃した。勢いに押された藩は領民の要求を呑んだ。「寛延内ノ子騒動」といわれる大一揆である。

とはいえ、大商人の横暴や役人の不正がなくなったわけではなく、1816年には同様の「紙騒動」が発生。1866年にも1万人参加の「奥福騒動」が起きている。

幕末の大洲藩は長州藩と連携するなど、尊王攘夷を早くから鮮明にした。藩是ともいえる陽明学が、尊王攘夷思想と親和性が高いことが要因と指摘される。

1867年、坂本龍馬が乗ったいろは丸が紀州藩の明光丸と衝突して沈没する「いろは丸事件」が勃発した。龍馬は金塊を積んでいたなどと詐称して紀州藩から8万両をせしめたが、いろは丸は大洲藩が購入し、海援隊が運用していた蒸気船だった。

●**新谷《にいや》藩　加藤家　1万石　外様　新谷陣屋　愛媛県大洲市**

大洲藩初代貞泰が次男直泰に支藩を立てるよう遺言したが、大洲藩2代泰興が認めず兄弟間で紛糾した。1639年に和解が成立。以後、新谷は宗家を支える役割を果たしていく。幕末には新谷は尊攘色を強く打ち出し、本藩をリードした面もあった。

宇和島藩《うわじま》〈愛媛県〉

大名家＝伊達家　石高＝10万石
大名種別＝外様　城・陣屋＝宇和島城
所在地＝愛媛県宇和島市

外様中藩ながら幕末の政局を動かした伊達宗城《むねなり》

大坂の陣の活躍で1615年に伊達秀宗《ひでむね》が封じられ、宇和島は伊達家の所領になった。秀宗は仙台藩主伊達政宗《まさむね》の長男だが、幼少の頃に豊臣秀吉のもとに人質に出され、秀吉に可愛がられて豊臣姓と「秀」の字を名にもらった。これが災いし、政宗が徳川家に配慮して嫡子から外し、仙台藩を秀宗に相続させなかったという。

藩を立てるためには家臣を新規に雇うなど金がいる。秀宗は費用6万両を父政宗から借りた。この返済が藩の財政を圧迫する。さらに幕府から大坂城の石垣の修築を命じられ、出費がかさんで首がまわらなくなった。政宗が秀宗のサポート役につけた家老の山家公頼《やんべきんより》は、家臣の給料を半分に減らして危機を乗り切ろうとした。

1620年、禄半減に反発する一派が山家とその一族を抹殺する事件が起きた。これを聞きつけた伊達政宗は激怒して、宇和島藩の取り潰しも考えたと伝えられる。

事件には後日談があった。山家暗殺に関わった人々の変死が相次いだ。領民は公頼の祟りだと噂し、藩は公頼の怨念を鎮めるため山頼和霊《やまよりわれい》神社を創建したのである。

宇和島藩といえば幕末の8代藩主伊達宗城だろう。宗城は福井藩松平慶永《よしなが》（春嶽《しゅんがく》）、土佐藩山内豊信《とよしげ》（容堂《ようどう》）、薩摩藩島津斉彬《なりあきら》と「四賢侯（斉彬の没後は島津久光）」と呼ばれ、早くから連邦国家構想を掲げ、政局を動かしたキーマンの一人だ。

とはいえ宇和島は中規模の外様に過ぎず、他の三人とは事情が異なる。宗城が注目を集めたのは海外情勢に精通していたからだった。黒船来航を1年前に知っていて、各方面に警告を発していた。西洋技術の摂取にも熱心で、「蛮社の獄」で逃亡中の高野長英を匿うだけでなく蘭学の指導にあたらせた。兵学の大村益次郎を登用したのも宗城だ。長英、益次郎によって宇和島は洋学、兵学で最前線を走ることになった。

裏表のない誠実な宗城の人柄も内外の人々を引き付けた。とくにイギリス公使パークスは宗城に絶大な信頼を寄せた。明治に外務大臣になったのはそんな経緯からだ。

幕末はテロや暗殺で無用な血が流れ、裏切りや自己保身にうんざりさせられることもある。宗城はそんな暗い時代の一服の清涼剤といえるだろう。

●吉田《よしだ》藩　伊達家　3万石　外様　吉田陣屋　愛媛県宇和島市

宇和島藩伊達家初代秀宗の5男宗純《むねずみ》が、秀宗の遺言により1657年に支藩を立てた。だが宇和島藩2代宗利《むねとし》が遺言を認めず兄弟で反目は続いた。やがて和解し、正式に幕府からも藩として承認される。関係修復後は支藩として宗家宇和島藩を支えた。

〈愛媛県にあった藩〉

西条藩《さいじょう》

松平（紀州）家　3万3000石　親藩　西条陣屋　愛媛県西条市

1665年、一柳直興《ひとつやなぎなおおき》は突如領地を没収され金沢藩に流罪となった。幕府から命じられた京都御所の改修工事で、病気と称して顔出しをさぼったからだ。また参勤交代で遅参し、無実の農民を多数斬殺したというのも改易理由だった。さながらダメ殿の典型で、外様の置かれた厳しい立場を理解していなかったというしかない。

一柳除封後、和歌山藩主徳川頼宣《よりのぶ》の次男松平頼純《よりずみ》が封じられ、西条は徳川御三家の和歌山藩の支藩になった。とはいえ、藩主は江戸にいて西条に国入りすることは皆無に近く、国家老が税を徴収するだけで、領民に松平（紀州）家の存在感は希薄だった。西条から宗家和歌山藩に6代宗直《むねなお》、9代治貞《はるさだ》、13代家茂《いえもち》を藩主に送り出している。

小松藩《こまつ》

一柳家　1万石　外様　小松陣屋　愛媛県西条市

一柳直盛《なおもり》が西条に国入りの途中の大坂で没し、幕府は直盛の遺領を3分割し、嫡男直重に西条、次男直家に兵庫県の小野、そして3男直頼に小松を与えた。西条藩の直重の系譜は除封になったが、一柳家はここ小松と小野で家名を明治まで伝えた。

土佐《とさ》（高知《こうち》）藩〈愛媛県〉

大名家＝山内家　石高＝20万2000石
大名種別＝外様　城・陣屋＝高知城
所在地＝高知県高知市

幕末史を血で染めた土佐藩の陰惨な報復劇

1600年7月、会津の上杉討伐に向かった徳川家康のもとに、反家康を掲げた石田三成挙兵の報が飛び込んできた。そのとき山内一豊《やまうちかつとよ》は外様ながらいち早く家康支持を打ち出し、東軍の動揺を抑えるのに貢献した。9月の関ケ原合戦に勝利した家康は一豊の功を高く評価、掛川6万石から土佐20万石余の大大名に取り立てたのだ。

土佐では改易された長宗我部《ちょうそかべ》の遺臣が抵抗を続け、一豊はすぐには入部できなかった。一揆を沈静化して土佐入りできた一豊は、領民を集めて相撲大会を開く。そこに見物にやってきた反乱分子73人を捕縛して処刑した。汚い手に出ざるを得なかったのは、一豊が長宗我部遺臣の反抗に悩まされていた証しである。

一豊は高知城の造営に着手したが、城の完成を見ることなく1605年に病没。嗣子がなかったため弟の子忠義が養子に入り2代藩主に就いた。

外様大藩には幕府から次々に普請の命が下る。財政危機に陥った忠義は野中兼山《けんざん》を家老に登用し改革にあたらせた。兼山は7万5000石分もの新田を創設。港湾整備や茶、紙、漆、薬草、鰹節といった国産品の増産にも励み、財政をみごとにV字回復させた。兼山が実施した諸策は幕末に土佐が雄藩として飛翔する礎になった。

兼山は弾圧の対象だった長宗我部の遺臣を郷士《ごうし》として取り立てるという政策変更もしている。くすぶる遺臣の不満を和らげるためだった。ただし掛川時代から付き従ってきた上士より身分は下に置かれ、郷士は下駄を履くことも足袋の着用も許されず、上士と道で会ったときには頭を下げて道を譲らなければならなかった。厳しい身分制度によって虐げられた郷士の鬱屈は、尊王攘夷運動となって幕末に噴き出す。

さて、兼山の改革は抜本的だったゆえに多くの敵をつくり出した。後ろ盾だった藩主忠義が隠居すると兼山は失脚に追い込まれ、幽閉されたまま失意のうちに亡くなった。反兼山派の恨みは根深く、遺族までも流罪にして野中家を取り潰した。

以後、この藩の改革者には受難がつきまとう。13代豊凞《とよてる》も財政の窮乏を打開するため、馬渕嘉平《まぶちかへい》を中心にする改革派「おこぜ組」を起用した。馬渕らは経費削減で事態にあたろうとしたが、既得権を失う門閥が立ち塞がった。豊凞が圧力に屈したことで梯子を外され、馬渕は獄につながれ、おこぜ組10数名も処分された。

15代豊信《とよのぶ》（容堂《ようどう》）も吉田東洋を参政に抜擢し、藩政刷新に着手させた。東洋は幕末の混乱のなか、門閥や重臣の力を削いで改革を進めたが、敵にまわしたのは守旧派だけではなかった。武市瑞山《たけちずいざん》をトップに郷士が結成した土佐勤王党も、東洋の公武合体路線を批判して打倒を画策した。擁護者の容堂が大老井伊直弼との政争に敗れ、「安政の大獄」で隠居させられたことが歯止めのかからなかった理由だった。東洋排除で守旧派と利害が一致した武市は1862年、東洋暗殺を決行する。

東洋を葬ることで今度は武市が藩政を握った。なお武市は岡田以蔵を使い、京都で多数の反尊攘派の幕吏や開国論者を抹殺した。土佐勤王党の同志だった坂本龍馬が武市と袂を分かったのは、これらのテロ行為を龍馬が嫌ったからだとする見方もある。

武市の天下も長くは続かなかった。復権を果たした容堂は後藤象二郎《しょうじろう》に命じ、武市ほか多くの勤王党員を死罪に追い込んだ。報復の連鎖に終止符を打ったのは象二郎だった。敵陣営に属する龍馬に近づき、恩讐を越え意気投合した二人は共同戦線を張る。この二人がいなければ幕末の土佐藩の歴史はあまりにもの悲しい。

さて、江戸幕府は容堂の大政奉還の建白を将軍慶喜《よしのぶ》が受け入れたことで幕を閉じた。山内家は奇しくも開幕と幕引きの双方に深く関わることになった。

●高知新田藩《こうちしんでんはん》　山内家　1万3000石　外様　高知新田陣屋　高知県高知市

山内豊産《とよただ》が土佐藩9代豊雍《とよちか》から蔵米の支給を受け、高知城内に藩庁を置いて支藩を設立。幕末の藩主豊福《とよよし》は鳥羽伏見の戦いの後、佐幕派として新政府軍との戦闘続行を主張したが、尊王に走る宗家に背いたことで板挟みになり、1868年に自刃した。

小倉藩《こくら》〈福岡県〉

大名家＝小笠原家　石高＝15万石
大名種別＝譜代　城・陣屋＝小倉城
所在地＝福岡県北九州市

長州藩との戦いに敗れ小倉城に火を放って逃走

1632年、細川忠利《ただとし》が熊本に転封となり、徳川家康の曾孫小笠原忠真《ただざね》が配され小倉城の主になった。忠真の入封は九州の外様や長州毛利家を牽制するためだった。

江戸中期になると藩は財政難に陥り、4代忠総《ただふさ》は再建を犬甘知寛《いぬかいともひろ》に託した。犬甘は窮状を打開するだけでなく藩に貯えさえもたらした。とはいえ、犬甘の改革は農民の犠牲の上に成り立っていた。農民の疲弊を目にした家老二木政寛《まさひろ》が告発し、屋敷から膨大な不正蓄財が発見されたことで、犬甘は捕縛され石牢内で獄死させられた。改革の旗手は私腹を肥やす悪徳役人だったというわけである。

この「犬甘騒動」に続き、「白黒騒動」と呼ばれる家中争議も起きた。発端は6代藩主忠固《ただかた》の野望だった。忠固は老中になりたくて、上席家老の小笠原出雲《いずも》に幕府中枢に対する接待や賄賂工作を命じた。これに4人の家老が藩財政を圧迫すると猛反対した。対立は藩政全般に波及。それぞれ派閥をつくり、ことあるごとに反目し合った。

出雲派を白組、4家老派を黒組といったので「白黒騒動」と称される。

忠固が4家老を罷免したことで事件は拡大。黒組360人が脱藩する異常事態を迎えた。中間派の説得が奏功して帰藩したが、忠固は出雲の解職と黒組の役職復帰を呑まされた。さらに忠固は幕府から謹慎を命じられ、老中になる夢は打ち砕かれた。だが黒組と白組の抗争は長く尾を引き、藩の力を削ぐ最大の要因となった。

尊攘派の巣窟と化した長州藩再征が固まった1865年、9代忠幹《ただよし》が病没する。後継の忠忱《ただのぶ》がまだ4歳で、幕長戦争を控えての混乱時のため藩は忠幹の死を秘匿した。

翌年6月、長州との戦闘が始まった。主戦場小倉には老中で同族の小笠原長行《ながみち》が幕軍総督として進駐してきた。しかし長州兵に門司への上陸を許す。藩主不在も士気に影響した。さらに戦いの最高責任者である将軍家茂《いえもち》が大坂城で病死。その報が届くと長行は戦線を放棄して小倉を脱出し、幕府軍は実質解散状態に追い込まれた。

小倉藩だけで長州と戦うのは困難だと判断した藩上層部は、小倉城に火を放ち南の香春《かわら》（香春町）に撤退。藩庁や藩兵も小倉から移した。1867年1月、長州藩に小倉を譲るという条件で講和が成立する。小笠原家は屈辱のなかで明治を迎えたのだ。

●小倉新田藩《こくらしんでん》　小笠原家　1万石　譜代　小倉新田陣屋　福岡県北九州市

小倉藩2代小笠原忠雄《ただお》が弟真方《さねかた》に1万石を与えて藩を立てさせた。小倉城下に藩庁を置く藩内支藩だったが、明治2年に新たに千束《ちづか》（豊前市）に陣屋を構えて移転した。

福岡《ふくおか》（筑前《ちくぜん》）藩〈福岡県〉

大名家＝黒田家　石高＝47万3000石
大名種別＝外様　城・陣屋＝福岡城
所在地＝福岡県福岡市

主君の悪行を幕府に告発した家老の栗山大膳《だいぜん》

黒田長政は関ケ原東軍勝利の功労者だ。父如水《じょすい》譲りの調略で小早川秀秋《ひであき》を寝返らせ、同じ豊臣恩顧の福島正則《まさのり》や加藤清正を東軍につなぎ留めた。戦場でも目覚ましい軍功を挙げ、徳川家康が大藩福岡を与えたのも当然のことだろう。

ちなみに合戦前、家康との関係を強固にするため、長政は正室だった蜂須賀正勝の娘糸姫を離縁し、継室として家康の養女栄姫《えいひめ》をめとった。面子が潰された徳島藩蜂須賀家は怒り心頭に発し、両家は長期間にわたり冷戦状態が続いたという。

不仲といえば黒田家は熊本藩細川家ともギクシャクした。長政が後藤又兵衛《またべえ》（後に大坂の陣で豊臣方として活躍）を追放した際、当時、小倉藩主だった細川忠興《ただおき》が長政の抗議を黙殺して又兵衛を仕官させた。両藩は一触即発の状態となり、幕府が調停に乗り出す事態に発展。事件後も関係は修復されず確執が尾を引くことになった。

晩年を迎えた長政の心配の種は嫡男忠之《ただゆき》だった。傲慢なうえに大藩を経営する器量に欠け、忠之を廃嫡して三男長興《ながおき》を後継者に据えようとしたが、筆頭家老の栗山大膳に諫められてやめた。大膳に忠之の後見を託し、長政は没したのである。

長政の懸念は的中した。忠之は父に仕えた家臣を遠ざけ、その家禄を下げる一方で、倉八十太夫《くらはちじゅうだゆう》という小姓上がりの新参者に1万石を与えて重職につけた。旧臣の間で不満が高まり、大膳はたびたび忠言するが忠之はまったく聞く耳をもたなかった。

大膳が最も危惧したのが、忠之が幕令に違反する大船を建造し、足軽を大量に雇い入れたことだった。幕府に謀反の嫌疑をかけられては言い逃れはできない。拒まれても大膳は苦言を呈し続け、ついに忠之から切腹を命じられた。大膳は腹をくくり、公儀への反逆と家内争議の咎《とが》で自らの主君を幕府に訴え出たのである。

幕府の判断はこうだった。船建造も足軽採用も目くじら立てるほどではなく、忠之に反意はない。ただし家内不和を招いたのは事実で、いったん忠之から封地を取り上げ、再び福岡を与えるという処分を下した。提訴した大膳は盛岡藩に配流されたが、自由に生活でき、こちらも寛大な処分ですんだことになる。

この「黒田騒動」は、大膳が改易にならないことを承知で、主君を諭すための深謀遠慮から悪役を買って出たとされ、大膳の忠臣ぶりが語り継がれる。しかし本当だろうか。大膳の提訴は熊本藩主加藤忠広が取り潰された直後で、あまりにリスキーだ。切腹させられそうになり、かっとなった大膳が提訴した。それが結果として美談と受け止められたのではなかったか。忠臣話では片付かない部分もあるようだ。

忠之の次、3代光之《みつゆき》の時代にも騒動がもち上がった。嫡子綱之《つなゆき》の性格が粗暴で、酒癖が悪く幕閣から不評とあって、光之は綱之を廃嫡して3男綱政を後継に指名した。これに家臣が反発。光之は綱之支持派を処分して不満を抑え込んだ。とはいえ、そんな悶着の末に藩主になった綱政だが、藩政で光之と対立し不仲が続くことになった。

さて大藩福岡も、幕末の嵐のなかでは小舟のように大波にもまれた。11代長溥《ながひろ》は薩摩藩島津家からの養子で進歩的な開国論者だった。1861年、長溥の方針に異を唱える藩内の過激な尊王攘夷派、加藤司書ら30余名を流罪などに処したが、尊攘運動の盛り上がりを受け、結局、彼らの復職を許すことになった。

復帰した尊攘派は長州と結託し藩政を掌握。これを幕府に咎められたことで、長溥は1865年、加藤らを死罪にし、さらに数十人を重刑に処した。この「乙丑《いっちゅう》の変」により人材が払底。福岡藩は幕末維新の政局で他藩の後塵を拝することになった。

明治3年、最後の藩主となった長知《ながとも》は財政難から偽札づくりに手を染めた。これが政府に発覚し、福岡藩は廃藩置県を前に事実上の廃絶に追い込まれたのである。

●秋月《あきづき》藩　黒田家　5万石　外様　秋月城　福岡県朝倉市

福岡藩初代長政の遺言で支藩として立てられたが、遺言を認めない宗家2代忠之が立藩の邪魔をしたことで、秋月と宗家の間に遺恨が生じた。以後も微妙な関係が続く。

久《く》留《る》米《め》藩〈福岡県〉

大名家＝有馬家　石高＝21万石
大名種別＝外様　城・陣屋＝久留米城
所在地＝福岡県久留米市

恨みを買って小姓に首をはねられた有馬忠頼《ただより》

徳川家康の養女をめとって関ケ原合戦で東軍についた外様の有馬豊氏《とようじ》が、福知山8万石を経て、1620年に21万石の大出世で久留米城に入り立藩した。

豊氏が没すると忠頼が襲封するが、これがとんだ暴君だった。些細な過失も許さずに家臣を次々処分、その数は70名に及んだ。また自分に逆らった寺社を潰し、農民から過酷な年貢取り立てもした。そんな忠頼が参勤交代の途中で急死したのである。仕えていた小姓が首を切り落としたという。前代未聞の事件で、幕府に知られればお家断絶は必至だ。藩は事実を隠蔽し、病没と届け出て取り繕ったと伝えられる。

さて、藩祖豊氏の直系は5代で絶え、6代には一門から則維《のりふさ》を迎えた。藩は深刻な財政難に陥っていて、則維は新田開発を推進、大胆なリストラも敢行した。ところが厳しい徴税で反感を買い、多数の農民が城下に押しかける一揆を招いた。責任を問われた則維は家臣から隠居を強制され、藩主の座を子の頼徸《よりゆき》に譲ったのである。

和算の大家として知られる頼徸だが、藩政は失敗続きだった。1732年の虫害による飢饉では2万人の餓死者を出す。さらに財政悪化から領民に人頭税を課したことで、6万人が結集する「宝暦一揆」が起きてしまった。鎮圧するために藩兵を出動させて抑え込み、首謀者37人を打ち首に。文人らしからぬ冷酷な対応といえる。

幕末には久留米も尊王攘夷派と佐幕派の対立で揺れた。対立の原点は10代頼永《よりとう》が起用した天保学派が急進派と穏健派に割れたこと。両派は時代が下ると急進派（外同《そとどう》志《し》）が尊攘路線に、穏健派（内同志《うちどうし》）は佐幕開国を鮮明にしていった。

11代頼咸《よりしげ》は内同志を登用して藩政を進めたが、内同志の重鎮村上守太郎《もりたろう》が刃傷事件で死去すると、外同志が巻き返しを図る。頼咸に讒言を吹き込んで内同志を処分させた。しかし嘘がばれると、頼咸は1852年に外同志を弾圧する。この「嘉永の大獄」によって、不破美作《みまさか》ほか内同志派が再び藩政を掌握することになった。

王政復古の大号令後、今度は内同志が劣勢に立たされ、不破が久留米勤王志士に暗殺された。さらに実権を握った外同志の水野正名《まさな》は内同志派10人を切腹に追い込む。これが30年間も続いた暗闘の気まずい結末だった。

明治4年、新政府軍の統括者・大村益次郎を暗殺した大楽《だいらく》源太郎を水野が匿ったことで、久留米城が新政府軍に包囲される「久留米藩難事件」が起きた。事件は水野の捕縛と藩主頼咸の謹慎で終息したが、何とも騒然とした久留米藩の幕引きである。

柳川《やながわ》（柳河《やなかわ》）藩〈福岡県〉

大名家＝立花家　石高＝10万9000石
大名種別＝外様　城・陣屋＝柳川城
所在地＝福岡県柳川市

関ケ原合戦で改易された立花宗茂《むねしげ》の奇跡の復活

歴史マニアで立花宗茂が好きだという人は多い。豊臣秀吉が「天下の勇将は宗茂と本多忠勝（徳川四天王）のみ」と語ったように、抜群の戦上手だった。

宗茂は大友氏の重臣高橋紹運《じょううん》の子として生まれた。同じく大友重臣の立花道雪《どうせつ》に請われ、道雪の娘誾千代《ぎんちよ》と結婚して立花家に入り、1587年に柳川城主になった。

関ケ原では徳川家康の誘いを断り西軍に加勢する。そのため柳川を追われたが、3年の浪人暮らしの末に福島県の棚倉を与えられ、1620年には柳川への帰還を許された。西軍に属して改易され、旧領を回復できた数少ない大名の一人である。

豪胆なのに温厚で誠実。宗茂の人間性が大名に復帰できた最大の理由だった。宗茂に惚れた加藤清正や本多忠勝らが味方になり、家康や将軍秀忠に働きかけたのも見逃せない。また9月15日の合戦当日、宗茂は大津城の京極高次攻めに時間を取られ、関ケ原本戦には参陣していない。家康と直接刃を交えていないことも大きかった。

大坂の陣では将軍秀忠の参謀役を申し付けられ、戦況の読みの深さに秀忠が感服し、これが柳川回復の最終的な決め手になったともされる。

宗茂に子がなかったため、甥の忠茂《ただしげ》を2代藩主に据えた。以後、系譜を重ねていくが、この藩で騒動といえば1789年の「豪傑崩れ《ごうけつくずれ》」くらいである。家老の立花寿賰《ひさとみ》と戸次通栄《なおちか》が豪傑組を結成して藩政改革に取り組んだ。だが厳格すぎる方向性に藩内で不満が高まり、8代鑑寿《あきひさ》と守旧派の家老小野勘解由《かげゆ》が結んで、寿賰、通栄ら豪傑組数十人に蟄居や逼塞を命じた。ところが、これに反対意見が噴出したため、すぐに処分は撤回された。他藩の血生臭い騒動に比べ、何とも大人しいといったところだ。

幕末においても周辺藩では尊攘と佐幕が鋭く対立するなか、柳川では流血事件もなく、12代藩主鑑寛《あきとも》のもとに結集しつつ、比較的穏やかに明治を迎えた。

●三池《みいけ》藩　立花家　1万石　外様　三池陣屋　福岡県大牟田市

柳川藩祖立花宗茂の甥（弟の子）種次《たねつぐ》が、1621年に三池に陣屋を構えて大名に列した。なお、当藩は柳川の支藩ではなく分家という位置付けだが関係は深かった。

6代種周《たねちか》は外様ながら幕府の若年寄に栄達した。ところが政争に敗れて隠居を余儀なくされ、家督を継いだ種善《たねよし》が1806年に下手渡《しもてど》（福島県伊達市）に左遷された。

戊辰戦争で新政府側に立ったため、仙台藩に下手渡の陣屋を焼かれた。1868年9月、新政府の許可を得て再び三池に陣屋を新設、62年ぶりに旧領に帰ってきた。

佐賀《さが》（肥前《ひぜん》）藩〈佐賀県〉

大名家＝鍋島家　石高＝35万7000石
大名種別＝外様　城・陣屋＝佐賀城
所在地＝佐賀県佐賀市

龍造寺《りゅうぞうじ》家から鍋島家への領主交代が生んだ怪談

1607年、龍造寺家当主の高房《たかふさ》が乱心して妻を斬り、自殺を図るという凶事を起こした。家臣が止めに入って一命は取り留めたが、半年後に傷がもとで22歳の若さで亡くなった。病気を理由に隠居していた高房の父政家も後を追うように没し、戦国時代から北部九州を支配してきた龍造寺の本家はここに途絶したのである。

龍造寺の所領は家臣だった鍋島家が継承、鍋島勝茂《かつしげ》を初代藩主に佐賀藩が成立することになった。龍造寺にとっては乗っ取られた格好だ。とはいえ、20年ほど前から実権は鍋島家が握り、豊臣秀吉に続き徳川家康もそれを公認してきた。家康が自分の養女菊姫を勝茂にめとれさせたのは、鍋島支配を歓迎していた証しといえる。

高房の死後、佐賀の城下では奇怪な噂が流れた。怨霊となった高房が死装束《しにしょうぞく》姿で馬に乗り、龍造寺を裏切った家臣を探し出しては殺しているというのだ。人心を安定させるため、鍋島家は天祐寺を建立して高房の霊を慰めた。

この領主交代劇が翻案され、幕末に誕生した怪談が「鍋島化け猫騒動」だ。龍造寺家の飼い猫が鍋島に復讐するという筋立てで歌舞伎が取り上げ、大ヒットを記録した。

鍋島家の襲封はいわば下克上であり、政権交代がすんなり進んだわけではなかった。不満を抑えるため、反鍋島派の家臣たちに領地を分与。鍋島家が実際に手にした石高は佐賀藩35万7000石のうち、わずか6万石程度だったとされる。

高房の死から27年後の1634年、高房の遺児を称する僧侶伯庵《はくあん》が出現した。伯庵は幕府に龍造寺再興を願い出る。しかし、佐賀の支配は鍋島で固まっている。幕府は伯庵の申し出を黙殺、会津藩に配流して騒動を収拾したのだ。

勝茂を後継した2代藩主光茂《みつしげ》は、藩内統治を円滑にするため武士の官僚化を推進した。武士道よりも算盤というわけである。時代は太平の世を迎えていた。そんな風潮に違和感を覚え、光茂の小姓を務めた山本常朝《じょうちょう》が古き良き武士道のあり方を口述し、田代陣基《つらもと》が書き留めたのが『葉隠《はがくれ》』だった。失われつつあるものに捧げられたオマージュということで、武士道精神の聖典とされる同書の意外な誕生背景だった。

さて、佐賀藩で中興の英君とされるのが8代治茂《はるしげ》だ。藩は福岡藩と1年交代で長崎港の警護役を長年担わされてきたが、これが財政を圧迫。さらに6代宗教《むねのり》の代に勃発した諫早《いさはや》一揆の後遺症が癒えず懐事情は火の車だった。

治茂は新田開発に取り組むとともに殖産興業に活路を見出す。なかでも成功を収めたのが有田焼の生産拡大で、治茂の改革で窮乏を脱することができた。治茂は進歩的な殿様で、熊本藩主細川重賢《しげかた》が進めた刑法改正に興味を示し、佐賀藩でも追放刑を撤廃して懲役刑を採用した。江戸中期を代表する英明藩主の一人といえる。

それに比べると9代斉直《なりなお》は不甲斐ない。１８０８年に英国軍船フェートン号が長崎港に突如入港し、オランダ商館員を拉致する事件が起きた。佐賀藩は対応が遅れ、斉直は幕府から処分を食らった。そんなこともあり重荷となった長崎警護役を返上するため、斉直は有田権之允《ごんのじょう》に密かに命じ、熊本藩に肩代わりさせる工作を進めさせた。ところが幕府に発覚、責任を一人被って権之允が切腹する最悪の結果となった。

ここ佐賀藩では一代おきに名君が登場するとされるが、次の10代直正《なおまさ》は幕末を代表する開明派だった。直正がまず取り組んだのは財政再建である。陶器と石炭を専売体制下に起き、白ロウや小麦、茶とともにオランダに輸出して莫大な利益を得た。大坂商人から「算盤大名」「経済大名」と呼ばれるほどの成功を収める。

直正は貿易で稼いだ金で西洋技術を積極的に導入し、反射炉建設による大砲鋳造や蒸気船建造に尽力した。佐賀は直正によって日本最先端の工業王国になった。佐賀でつくられた最新鋭の大砲や小銃が、やがて戊辰戦争で新政府軍を勝利に導いていく。

佐賀藩を雄藩に押し上げた直正だったが、尊攘運動や倒幕には深く関わらなかった。血みどろの政局に距離を置く。そこに直政の美学や生き方を見出す人は少なくない。

●鹿島《かしま》藩　鍋島家　2万石　外様　鹿島城　佐賀県鹿島市

宗家鍋島を支える3支藩のうち一番早く誕生した。佐賀藩初代勝茂が1610年に弟忠茂に2万石を分与して立藩させた。だが忠茂の家督を相続した2代正茂と宗家勝茂の関係が悪化。勝茂は正茂の所領を没収し自分の9男直朝《なおとも》を新藩主に据えた。鹿島を追われた正茂はその後、矢作（千葉県香取市）に移され5000石の旗本になった。

●小城《おぎ》藩　鍋島家　7万3000石　外様　小城陣屋　佐賀県小城市

1614年、佐賀藩初代鍋島勝茂の子元茂《もとしげ》が領地分けにより藩を立てた。当初は佐賀城二の丸に拠点を置いたが、2代直能《なおよし》の時代に小城に陣屋を構えて藩庁を移転した。元茂は勝茂の長男だった。勝茂が継室に迎えた家康養女菊姫との間にできた子ではなかったため、佐賀藩主の座を弟忠直（早世したため子の光茂が襲封）に譲った経緯があった。中堅大名並みの石高には、慰謝料的なものも含まれていた。

なお、石高の多さゆえに、支藩ながら幕府から参勤交代を義務付けられた。

●蓮池《はすのいけ》藩　鍋島家　5万2000石　外様　蓮池陣屋　佐賀県佐賀市

佐賀藩2代藩主になるはずだった鍋島忠直が病没し、忠直の嫡子光茂が幼少だったため、佐賀藩初代勝茂は自分の3男直澄《なおずみ》を藩主に就けようとした。これに勝茂長子で小城藩主になっていた元茂が猛反発する。結局、光茂を次期藩主に据えたが、今度は直澄が黙っていない。結局、直澄にも蓮池の領地を与えて支藩を設立させたのだった。

唐《から》津《つ》藩〈佐賀県〉

大名家＝小笠原家　石高＝6万石
大名種別＝譜代　城・陣屋＝唐津城
所在地＝佐賀県唐津市

意地を通して箱館でも戦った老中小笠原長行《ながみち》

寺沢堅高《かたたか》が精神を病んで自刃して除封になった後、中堅譜代が出入りを重ね、1762年に水野家が入る。定着するかに見えた水野家だったが、3代忠邦が唐津藩では出世できないと転封を画策。1817年に浜松に去っていった（浜松藩参照）。

後継には小笠原家が入るが、前任地棚倉（福島県）から九州への移転費用もバカにならない。さらに忠邦が賄賂として唐津の所領1万石分を幕府に献上していたので、手取りが大幅に減った。もともと小笠原家は23万両もの借財を抱えていて、改革も追いつかず、雪だるま式に増えていく借金に呆然としながら明治を迎えたのである。

唐津小笠原家で取り上げるとしたら幕末の長行だろう。長行は老中になり第2次長州征討では幕軍総督に任じられた。長州に敗れて小倉を脱出する失態を犯したが、江戸城無血開城後、奥羽越列藩同盟に加勢して新政府軍と戦い、箱館戦争にも参加した。幕閣中枢を担った徳川の重臣として、最後まで佐幕の意地を貫いた数少ない一人だ。

島原藩《しまばら》〈長崎県〉

大名家＝松平（深溝）家　石高＝6万5000石
大名種別＝譜代　城・陣屋＝島原城
所在地＝長崎県島原市

3万7000人を殲滅《せんめつ》した凄惨な「島原の乱」

有馬晴信《はるのぶ》は佐賀鍋島家に移転していた旧領を回復しようと、幕閣本多正純の家臣岡本大八に6000両の運動資金をわたして工作させた。ところが、いつまでたっても朗報は届かない。しびれを切らした晴信が本多正純に問い合わせると、大八が何も働きかけをしていないことが判明した。憤った晴信は大八の詐欺行為を告発。幕府は1612年、横領の罪で大八を火あぶりの刑に処したのである（岡本大八事件）。

審議の過程で晴信による長崎奉行毒殺計画も露見。運動資金も賄賂と認定され、晴信は甲州に流され自害した。通常なら有馬家は廃絶が相場だが、晴信の子直純が徳川家康の養女を正室にしていたため、特例として直純の島原領安堵が許された。

大八と晴信を処分した翌年の1613年、幕府は全国にキリシタン禁教令を発布した。晴信・直純父子が熱心なキリシタンだったため、島原には信者が多かった。直純は棄教して家臣・領民の改宗に努めたが、首尾よくいかず延岡に転封させられた。このとき改宗しない家臣を大量に置き去りにしたことが、「島原の乱」の伏線になる。

有馬家の後に入部した松倉重政は、拠点を日野江から島原に移し島原城を新たに築いた。この城は4万石の重政にふさわしくない大規模なもの。また重政はフィリピンへの侵攻を幕府に提案し、準備として武器弾薬を多量に購入し軍船も建造した。城の建造費と軍備費のツケは税に転嫁され、領民の生活を圧迫していった。

重政を継いだ勝家の苛政は重政の上をいった。煙草、茄子《なす》、窓、畳、囲炉裏、棚。さらに死者を埋葬する穴にまで税をかけた。乾いた雑巾を絞るようなものだ。払えないと牢で水攻めにし、蓑《みの》を着せて火をつけるなどの残虐な刑を科した。キリシタン迫害も凄まじかった。信者を雲仙岳の湯釜に放り込んで拷問を加えた。

圧政と弾圧に耐えかね農民とキリシタンたちが蜂起。3万7000人が原城に籠城する「島原の乱」が勃発した。幕府は12万の兵で原城を囲み、一揆勢を皆殺しにした。そして遺骸をバラバラに切断し穴に放り込んだ。乱を招いた勝家にも除封処分が下ったが、武士の最期の名誉である切腹が許されず斬首刑になっている。

荒廃した島原に高力忠房が入って復興に尽力し、以降、譜代が入転封を重ねた。1774年に入った松平（深溝《ふこうず》）家が明治まで治めるが、1792年に眉山が山体崩壊を起こして1万5000人の死者を出した際、藩主忠恕《ただひろ》は事故前に領民を見捨てて逃亡。この行為が非難され、自責の念にかられた結果、災害の一か月後に自害したという。

平戸藩《ひらど》〈長崎県〉

大名家＝松浦家　石高＝6万1000石
大名種別＝外様　城・陣屋＝平戸城
所在地＝長崎県平戸市

オランダ商館が長崎に移転し財政が大ピンチに

松浦《まつら》氏は平安中期の武将、大江山の酒呑童子を退治したという渡辺綱《つな》を祖と仰ぐ。中世に水軍を率いて九州北部に定着し、戦国後期にはポルトガルと交易して勢力を拡大した。関ケ原合戦では石田三成の呼びかけに応じず東軍に与したため、徳川家康から領土を安堵され、江戸時代を通じて松浦家が平戸に君臨することになった。

1609年、藩はオランダ商館の平戸誘致に成功した。これにより貿易港平戸は西の京と呼ばれるほど栄え、莫大な利益を松浦家にもたらした。

3代藩主隆信の死の直後、平戸藩に危機が訪れた。寵臣浮橋主水《もんど》が主君に殉じると宣言していたのに、撤回して追い腹を切らなかったのだ。まだ殉死が美徳とされていた時代である。主水は袋叩きにあった。根にもった主水は1639年、幕府に「今でも松浦家はキリスト教を信仰している」と訴え出たのである。

隆信は若い頃はキリシタンだったが、家康の命令で棄教し、その後は藩内各地の教会を破壊し、迫害する側にまわっていた。主水の主張はいいがかり以外の何物でもないが、幕府に付け入るすきを与えたことは間違いない。結局、主水は処罰され、藩に処分は出なかったが、平戸藩はもっと大きな代償を払うことになった。

この「浮橋主水事件」の2年後、幕府はオランダ商館を長崎の出島に移した。貿易の利権を奪うため、幕府が事件をうまく利用した結果だとされる。

平戸での交易は不可能になり、平戸藩は財政の主柱を失った。立て直しが急務となり、4代重信は新田開発を推進し農業振興に努めた。農民が働きやすいように農政を大幅に変更。さらに商人に便宜を図って商業を活発にし、漁業の発展にも注力した。重信の一連の改革で窮地に立った平戸藩も存亡の危機を脱することができたのだ。

幕末の平戸藩は、西国の外様にはめずらしく佐幕寄りの姿勢を取った。同じ指向の隣藩大村藩と「大平同盟」を結成して公武合体を内外に働きかけた。

しかし時代の風に抗えず、しだいに藩論は勤王に傾いていく。1868年正月の鳥羽伏見の戦いでは新政府側で参戦し、その後、東北各地の戦争にも出兵した。

●平戸新田藩《ひらどしんでん》　松浦家　1万石　外様　平戸新田陣屋　長崎県平戸市

1689年、平戸藩5代藩主の棟《たかし》が弟昌《まさし》に新田1万石分を与え、支藩を立てさせた。居所を平戸城下の館山に置き、財政を含め藩としての独立性は薄く完全な藩内支藩といえる。明治3年、廃藩置県の前に宗家平戸藩に吸収され、新田藩は消滅した。

〈長崎県にあった藩〉

対馬府中藩《つしまふちゅう》　宗家　10万石格　外様　厳原城　長崎県対馬市

江戸初期、対馬を統治する宗義智《よしとし》は経済の柱である朝鮮との交易を再開するため、国書を改竄《かいざん》して日朝国交回復に漕ぎ付けた。後に家老が告発して騒動になる。外交窓口として10万石格の待遇を受けたが、実石は2万石程度で幕府からの補助金が実質的に財政を支えた。幕末には尊攘派と佐幕派が血で血を洗う抗争を繰り広げている。

大村藩《おおむら》　大村家　2万7000石　外様　大村城　長崎県大村市

大村氏は平安時代に反乱を起こした藤原純友の末裔。1657年には多数の隠れキリシタンの存在が発覚し藩存亡の危機を迎えたが、幕府に恭順姿勢を見せ乗り越えた。

福江《ふくえ》(五島《ごとう》)藩　五島家　1万2000石　外様　石田城　長崎県五島市

五島家も藤原純友の系譜で中世から五島列島を支配してきた。耕地が狭く飢饉が頻発した。財政は赤字続きで、築城願いが幕府に受理されてから完成するまでに15年もかかった。1863年にようやく竣工した石田城は江戸最後の和式城郭となった。

熊本《くまもと》（肥後《ひご》）藩〈熊本県〉

大名家＝細川家　石高＝54万石
大名種別＝外様　城・陣屋＝熊本城
所在地＝熊本県熊本市

加藤家取り潰しは幕府が仕掛けた陰謀だった？

加藤清正は1588年、豊臣秀吉によって熊本に封じられた。猛将として名を馳せた清正は土木工事にも偉才を発揮。領民のために河川の治水や新田開発、干拓を行い、熊本発展の礎を築いたとして、市民から「清正公《せいしょこ》さん」と呼ばれて愛されている。

1611年、清正が急死した。徳川家康と豊臣秀頼の関係が緊迫度を増し、両者が京都の二条城で会談した後だっただけに、中風による病死とするのが定説だが、秀頼を後見する清正が邪魔になり、家康が毒殺したという説も根強い。

清正の世子忠広の襲封には暗雲が垂れ込めた。10歳と幼く、54万石の太守は務まらないというのが幕府の見方だった。家臣が駿府（静岡）の家康のもとに押しかけて直談判。藤堂高虎を後見役に据えることで了承を得ることができた。

しかし、その家臣たちが問題を起こす。「牛方」と「馬方」の二派に分かれ、藩内抗争（牛方馬方騒動）を始めたのだ。1618年、劣勢に立つ馬方派が公訴したことで幕府が介入する事態となった。詮議で牛方派が大坂の陣で豊臣に内通していたという嫌疑も浮上し、将軍秀忠は牛方派を流罪にして騒動に決着をつけた。累は忠広にまで及ばなかったが、加藤家組みやすしという印象を幕府に与えたのは事実だろう。

1632年、31歳になった忠広に領地没収のうえ配流という処分が突如下った。忠広は庄内に（山形県）に、嫡男光広も高山に流されて加藤家は廃絶になった。

理由は、将軍家光を殺して弟徳川忠長を擁立する企てに関与したからだとされる。忠広は忠長と親しかったが、忠長によるクーデター計画自体は虚構。忠広の正室依姫《よりひめ》は家康の外孫で、徳川との関係も盤石のはずだった。老中土井利勝による外様潰しの罠にはまったという説もあるが、真相は解明されないまま現在に至る。

加藤改易を受け、代わって熊本を託されたのが細川忠利だった。忠利は明智光秀の娘ガラシャの子である。剣豪宮本武蔵を食客に招き、武蔵はここ熊本で亡くなった。

さて、細川家3代には7歳の綱利《つなとし》が就き、加藤家同様に幼藩主問題で揺れた。幕府は支藩の宇土藩に領地を半分譲渡する案を出してきて、家臣が一丸となって阻止した。

熊本藩細川家も4代宣紀《のぶのり》の頃から財政悪化が表面化してきた。大坂に送って現金を得るための米が払底する始末で深刻な経済危機に陥った。そんな折、5代宗孝《むねたか》が旗本板倉勝該《かつかね》に江戸城で斬殺されという大事件が勃発する。勝該は縁戚の板倉勝清《かつきよ》（相良藩主）を殺すつもりが、人ちがいで宗孝を殺めたのだという。宗孝の不慮の死で改易の危機が訪れたが、6代に宗孝の弟重賢《しげかた》を襲封させて事なきを得た。

とはいえ財政は崖っぷちに立ち、参勤交代の費用を調達するのも困難で、貧乏大名細川家の惨状は江戸庶民にまで知れわたるほどだった。鍋や釜を新調した際、「細川」と書いた札を貼ると、金っ気が抜けるとからかわれたほどだった。

重賢は財政の立て直しを図るため自ら質素倹約に努めた。熱心に産業振興に取り組み、20年かけて再建に成功する。また刑法を改正し、犯罪者の追放刑を廃止して懲役刑に切り替えた。近代刑法の先駆けといわれて高く評価されている。

幕末の熊本藩に横井小楠《しょうなん》という傑物がいた。小楠は早くから大政奉還を唱え、坂本龍馬らに影響を与えた。藩は小楠の先進性を見抜けず、松平慶永《よしなが》が藩主を務める福井藩に仕えさせた。幕末の激動期に熊本藩の影が薄いのは小楠の不在が大きい。

●熊本新田藩《くまもとしんでん》　細川家　3万5000石　外様　高瀬陣屋　熊本県玉名市

熊本藩細川家3代綱利の弟利重が1666年に収納米の分与を受けて立藩。藩庁をもたない藩内支藩だったが、明治元年に高瀬に陣屋を新設して藩の体裁を整えた。

●宇土藩《うと》　細川家　3万石　外様　宇土陣屋　熊本県宇土市

細川家2代光尚《みつなお》が従弟の行孝《ゆきたか》に宇土を与えて1646年に設立させた。こちらも熊本藩の支藩だが、新田藩とは異なり藩庁を構え領民の統治に当たった。また宗家に藩主を2人送り出している。明治3年に新田藩とともに宗家に吸収され廃藩になった。

人吉《ひとよし》藩〈熊本県〉

大名家＝相良家　石高＝2万2000石
大名種別＝外様　城・陣屋＝人吉城
所在地＝熊本県人吉市

藩内抗争の末に家臣に暗殺された8代藩主頼央《よりひさ》

人吉は九州山地に囲まれた静かな城下町だが、江戸時代には血生臭い騒動がたびたび起きた。理由は藩主権力の確立ができなかったことによる。

江戸初期に藩政を掌握した家老の相良清兵衛は、人吉藩初代長毎《ながつね》を圧迫するほどの力を得ていた。年貢を横領して私腹を肥やし、財力でも藩主家を凌駕する。2万2000石の収入のうち、半ば以上が清兵衛の懐に消えた格好だ。武力でも劣る長毎は、世子頼寛《よりひろ》に清兵衛の専横を幕府に公訴するよう遺言して世を去った。

2代藩主に就いた頼寛は遺訓に従い1640年に提訴。幕府は清兵衛を江戸に呼び出した。清兵衛が不在の人吉では江戸藩邸からきた使者を清兵衛派が殺すという事件がもち上がり、これを機に清兵衛派と藩兵が戦う事態へと発展する。清兵衛の屋敷に立て籠った一族郎党120人を討ち取り、騒動は収束に向かったのである。

審議の結果、清兵衛には津軽藩への配流という処分が下った。清兵衛の屋敷がお下屋敷と呼ばれていたことから、騒動は「お下の乱」と呼称されている。

この乱以上に衝撃的だったのは、1759年に勃発した「竹鉄砲事件」である。まさに前代未聞、主君が家臣によって暗殺されたのだ。

7代頼峯《よりみね》の時代、財政の悪化に自然災害が重なって家臣の暮らしを直撃した。家老たちは困窮する藩士のために貸し付け制度を設けると発表。これに反対したのが藩主につながる一門だった。家老たちは大衆議、一門は小衆議と呼ばれ対立は激化した。

頼峯には子がなく、弟の頼央を後継に指名した。頼央は小衆議のトップとあって大衆議は反発する。そんな騒動の最中、頼峯の侍医が「小衆議が頼峯を毒殺して頼央を藩主に就けようとしている」という遺書を書いて自害した。これを受け、小衆議一派は死罪や遠島に処せられたのだ。ただし頼央の世子の座は保たれ禍根を残した。

指名どおり頼峯が没すると頼央が8代藩主になった。襲封して1年後、球磨川沿いにあった観瀾亭《かんらんてい》で休んでいると、何者かが発砲して頼央は傷を負った。そして、その傷がもとで亡くなる。明らかに大衆議による犯行だったが、銃声が聞こえたから暗殺に間違いないという告発を、あれは子どもの竹鉄砲の音だと大衆議は封殺。頼央は病死したと幕府に報告して強引に幕引きしてしまった。

鎌倉期から続く人吉相良家の血統は8代頼央の死で絶え、以後は他家から養子を迎える。藩内抗争はその後も続き、騒動に明け暮れながら藩は明治になだれ込んだ。

中津《なかつ》藩〈大分県〉

大名家＝奥平家　石高＝10万石
大名種別＝譜代　城・陣屋＝中津城
所在地＝大分県中津市

領民を顧みず放蕩に明け暮れた小笠原家三代

細川忠利《ただとし》が熊本に移ると、譜代の小笠原長次《ながつぐ》に中津は託された。小笠原家は甲斐源氏の名門で、また長次の母は徳川家康の孫とあって鳴り物入りの入封だった。

そんな名家意識が災いしたのか、2代長勝《ながかつ》は放蕩に走る暗君だった。名画や骨董に湯水のように金を使い、大坂から芸子を招いて連日ドンチャン騒ぎを繰り広げた。3代長胤《ながたね》も放蕩三昧のバカ殿で、江戸では吉原の遊郭に通いつめ、中津に帰れば美女100人を集めて酒池肉林。業を煮やした幕府は長胤を小倉藩預けとし、石高を4万石に半減させた。ところが4代長円《ながのぶ》も懲りずに酒色にふける。最期は精神を病んで亡くなった。5代長邕《ながむら》が夭折して改易。やっと狂乱の小笠原家統治に終止符が打たれた。

小笠原家の後には奥平昌成《まさしげ》が入部する。以後、奥平家9代が明治まで在封した。奥平家は学問好きで、ことに蘭学を藩士に奨励した。これにより『解体新書』を翻訳した前野良沢や教育者の福澤諭吉ほか、数多くの文化人を輩出することになった。

府《ふ》内《ない》藩〈大分県〉

大名家＝松平（大給）家　石高＝2万1000石
大名種別＝譜代　城・陣屋＝府内城
所在地＝大分県大分市

日《ひ》根《ね》野《の》家断絶は吉《よし》明《あきら》の領民殺戮の報いか⁉

関ケ原合戦後、竹中重《しげ》利《とし》が入封した。その子の2代重義は老中土井利勝の推薦で長崎奉行に任じられた。ところが密貿易がばれ、1634年に切腹させられて竹中家は除封になる。長崎の豪商の愛妾を横取りしたため、恨まれて密告されたというから締まらない話である。密貿易の黒幕は土井利勝だったという説もあるが真偽は不明。

次の日根野吉《よし》明《あきら》は厳格な殿様で、軽微の罪の者も磔《はりつけ》や晒し首にして多数の領民を死に追いやった。吉明は1656年に71歳で没したが、世子が自殺して後継者がなく、重臣は親族の高英を養子にしたいと幕府に申し出る。これに他の家臣が猛反対。養子不成立で日根野家は断絶になった。領民は多くの民を殺した報いだと噂したという。

1658年に入封した松平（大給《おぎゅう》）家が定着し、明治まで10代が在封した。当家は畳表の原料「七島《しちとう》藺《い》」の生産を奨励するなど国富政治に徹し領民に親しまれた。最後の藩主近《ちか》説《よし》は強硬な佐幕派だったが、鳥羽伏見の戦いで恭順し、何とか制裁を免れた。

〈大分県にあった藩〉

杵築藩《きつき》

松平（能見）家　3万2000石　譜代　杵築城　大分県杵築市

1645年に松平（能見《のみ》）英親《ひでちか》が入封し、松平家が明治まで家名を伝えた。松平家は畳表の原料になる「七島藺《しちとうい》」の生産に注力、最盛期には5万石相当の利益を藩にもたらした。石畳の道に築地塀《ついじべい》が延びる武家屋敷街が残り、城下町の面影を今に伝える。

日出藩《ひじ》

木下家　2万5000石　外様　日出城　大分県日出町

豊臣秀吉の正室北政所の甥、木下延俊《のぶとし》が1601年に封じられ木下家が明治まで治めた。なお、延俊の4男延由《のぶよし》は豊臣秀頼の遺児国松だとする説がある。国松は大坂の陣後に斬首されたが、それは替え玉で木下家が匿ったというのだ。興味深い話である。

臼杵藩《うすき》

稲葉家　5万石　外様　臼杵城　大分県臼杵市

関ケ原合戦の戦功で稲葉貞通《さだみち》が美濃八幡から転封。稲葉家が明治の廃藩まで15代を重ねた。江戸後期になると財政が悪化。13代幾通《ちかみち》は徹底した緊縮政策で財政の立て直しに成功した。臼杵市民に倹約精神が色濃いのは、この改革がきっかけだという。

佐伯《さいき》藩

毛利家　2万石　外様　佐伯城　大分県佐伯市

毛利高政は関ケ原の陣で当初西軍に属したが、やがて徳川家康方に転じた。戦後に所領を安堵され、日田を経て佐伯に移り立藩した。高政の姓はもともと森だったが、豊臣秀吉から毛利輝元に人質に出され、輝元に気に入られて毛利姓をもらった。歴代藩主では8代高標《たかすえ》が文人大名として知られる。蔵書8万冊の「佐伯文庫」を残した。

森《もり》藩

久留島家　1万2000石　外様　森陣屋　大分県玖珠町

来島《くるしま》藩主の来島康親《やすちか》（長親《ながちか》）は関ケ原の陣で西軍だったが、妻の伯父福島正則《まさのり》の口添えで改易を免れ、森に移され1601年に立藩した。来島氏は伊予水軍を率いていたが、山間地への移転で水軍の力を削がれた。2代通春《みちはる》が「久留島《くるしま》」に改姓している。

岡《おか》（竹田《たけだ》）藩

中川家　7万石　外様　岡城　大分県竹田市

豊臣政権下の1594年に中川秀成《ひでなり》が入り、そのまま江戸期を通じて中川家が君臨した。3代久清《ひさきよ》は不審外国船が日本近海に出没する状況を危惧し、防衛のために重火器の製造工場をつくり、製造した銃を用いて兵の訓練をした。この行動が幕府に不信感をもたれて改易の危機を迎えたが、黄門様こと徳川光圀《みつくに》の取りなしで事なきを得た。

延岡藩《のべおか》〈宮崎県〉

大名家＝内藤家　石高＝7万石
大名種別＝譜代　城・陣屋＝延岡城
所在地＝宮崎県延岡市

前任地磐城平《いわきたいら》同様、一揆に悩まされた内藤政樹《まさき》

酒色に溺れ政治を疎かにした高橋元種《もとたね》が、犯罪者の水間勘兵衛を匿ったことを理由に改易される。その後に島原から有馬直純《なおずみ》が入ったが、有馬家3代の清純《きよずみ》が苛政で1400人余に及ぶ逃散（農民が領地を捨てて逃げる）を引き起こし、新潟の糸魚川へ左遷された。後釜には三浦家、牧野家が据えられたが、どちらも定着しなかった。1747年に譜代の内藤政樹が封じられ、以降、内藤家が明治まで治める。

政樹は前任地の磐城平で2万人に及ぶ大一揆を招き、延岡入りはその懲罰的な措置だった。ところが入部の翌年には一揆が各地で勃発。延岡の表石高は磐城平と同じ7万石だったが、実石は格段に下。収入を確保するため年貢を上げたことで農民から反感を買ったのが原因である。一揆頻発が幕府の耳に届けば再び飛ばされるのは必至だ。正樹は農民の要求を丸呑みして騒動の収拾に躍起になった。内藤家はその後も一揆に悩まされ、8代の治世で24回もの一揆を起こした。内藤家の無策の証しといえる。

〈宮崎県にあった藩〉

高鍋《たかなべ》（財部《たからべ》）藩

秋月家　2万7000石　外様　高鍋城　宮崎県高鍋町

豊臣秀吉によって秋月種長《たねなが》が秋月（福岡県朝倉市）から当地に移され、そのまま江戸期を通じて秋月家が在封した。関ケ原合戦では徳川方に寝返り、改易の危機を免れている。7代種茂《たねしげ》が名君で財政改革に成功。米沢藩を再建した上杉鷹山《ようざん》は種茂の弟だ。

佐土原《さどわら》藩

島津家　2万7000石　外様　佐土原城　宮崎県宮崎市

戦国期に島津家が伊東家を破り所領にした。関ケ原合戦後に徳川家康に一度収公されたが、島津以久《ゆきひさ》の入部が認められ近世佐土原藩が成立する。本来は島津の分家の立場だったが、お家騒動で宗家の介入を許し、支藩的従属を強いられるようになった。

飫肥《おび》藩

伊東家　5万1000石　外様　飫肥城　宮崎県日南市

伊東家は鎌倉時代に地頭として伊豆の伊東から日向（宮崎県）に下向した。戦国末期に島津家に飫肥を追われたが、豊臣秀吉の九州平定後に故地を回復する。たびたび刃を交えたことで島津家とは犬猿の仲。江戸期には境界をめぐる紛争が頻発した。

薩摩《さつま》（鹿児島《かごしま》）藩〈鹿児島県〉

大名家＝島津家　石高＝72万9000石
大名種別＝外様　城・陣屋＝鹿児島城
所在地＝鹿児島県鹿児島市

陰惨な親子の暗闘「近思録崩れ《きんしろくくずれ》」と「お由羅《ゆら》騒動」

島津家の家祖忠久は鎌倉幕府を開いた源頼朝の隠し子で、近衛《このえ》家の荘園島津荘（宮崎県都城市）に匿われ島津を名乗った――。史実的裏付けのない伝承だが、島津家では事実として代々語り継いだ。この自己認識が中世の守護大名を経て戦国大名になり、近世大名へと変貌していく島津家を支え、幕末には政局を動かす原動力になった。同じ源氏でも徳川は傍流の新田系でウチは嫡流だ。「頼朝直系」はプライドの淵源となり、お堅い歴史書では語りにくい島津家を貫くキーワードである。

関ケ原合戦では島津家は西軍に属した。島津家当主義久の弟義弘は1500人の兵を率いて合戦に臨んだ。当初は優勢だった西軍も小早川秀秋《ひであき》の裏切りで総崩れになり、気がつけば東軍に包囲されていた。義弘は敵中突破を決意する。馬を駆って正面の福島正則《まさのり》隊を蹴散らし、徳川家康の本陣の脇を通過して伊勢街道を突き進む。追撃してきたのは徳川最強の井伊直政軍で、義弘を守って兵は次々に討たれていった。戦場を離脱し、故郷薩摩に帰還できたのは義弘ほかわずか80名ほどだったという。

この壮絶な「島津退け口《の》」により、島津兵は主君を守るために死を恐れぬと畏怖され、家康も戦うのは得策ではないと渋々薩摩侵攻をあきらめた。1602年、義弘の子家久が初代藩主に就き、近世大名島津家の歴史が始まった。

家久は1609年、琉球に出兵して服属させた。同時に奄美諸島も封地にする。以降、琉球、奄美は薩摩藩の圧政にあえぐ。島津家の統治は、琉球と奄美に対する徹底した収奪のうえに成り立っていたことを忘れてはならないだろう。

1729年、5代継豊《つぐとよ》に将軍綱吉の養女竹姫が輿入れした。竹姫は二度も婚約者に先立たれ、縁起の悪い女性として貰い手がなく、押し付けられたというのが真相。とはいえ徳川との関係が深まったのも事実で、島津家にはメリットはあった。

薩摩藩の財政は3代綱貴《つなたか》の時代から悪化の一途をたどった。困窮を決定的にしたのが7代重年《しげとし》のときに幕府から命じられた木曽三川の治水工事である。2年の歳月をかけた難工事で22万両の借財をつくり、総奉行の平田靱負《ゆきえ》は責任を取って自刃した。

藩はこの危機に際し、収入を増やすために奄美の畑地をすべて黒糖の原料になるサトウキビ栽培に切り替えさせた。島民は食べるものに事欠くようになり、ソテツの実で飢えを凌いだ。これを「奄美の黒糖地獄」と呼んでいる。

8代重豪《しげひで》が問題の人である。88万両もの借金が積み上がっているのに華美な生活をやめず、オランダの文物収拾に大金を浪費した。文教政策として藩校や演武館、天体観測の天文館を建て、博物書120巻や国史の編纂にも藩費をぶち込んだ。

また娘茂姫《しげひめ》を徳川御三卿の一橋家斉に嫁がせるために賄賂をばらまき、婚礼費用にも莫大な資金をつぎ込んだ。結果として家斉が11代将軍に就任、重豪は将軍の岳父になったが、将軍の義父が外様では都合が悪いと、重豪は幕府から隠居させられた。

9代藩主になった斉宣《なりのぶ》は父がつくった借財に呆然とする。重豪時代の重臣を罷免して、樺山久言《かばやまひさこと》、秩父季保《すえやす》を登用した。ところが自分の政策を否定されたと重豪が激怒。樺山や秩父ほか13人に切腹、25人を遠島、100人以上に逼塞という刑を科した。処分者の多くが近思録という儒学を信奉する一派だったため、この内紛は「近思録崩れ」と呼称された。

重豪が後見となり10代藩主に斉興《なりおき》が襲封した。斉宣も父によって押し込められ、強制隠居を強いられた。

重豪が後見となり10代藩主に斉興が襲封した。さすがに500万両（約2500億円）に膨れ上がった借財を放置できず、重豪は調所広郷《ずしょひろさと》に再建を託した。調所は大坂や京都、江戸の大商人に、利息カットで元金のみ250年の分割払い案を呑ませ、琉球を介した密貿易も拡大する。調所の諸策で借金はなくなり、逆に50万両の蓄財を確保するに至った。結局、調所が貯めた金が幕末の倒幕資金になる。

斉興の治世の後半、藩政が大揺れした。斉興が世子斉彬《なりあきら》に家督を譲らなかったことが理由である。斉彬は曽祖父重豪の薫陶を受けて育ち、開明的で西洋文明の吸収に熱心だった。そこに斉興は財政を破綻の淵に追いやった重豪の再来を見た。薩摩を近代化し、外国の脅威から守る橋頭保《きょうとうほ》にしようと考える斉彬との間で確執は深まった。

斉興が側室お由羅との間にできた久光を後継に据えるべく画策すると、父子の反目は藩内を二分する深刻な対立に発展していった。そんな折、財政を再建した功労者で斉興の右腕調所が服毒自殺した。自分の襲封に反対する調所を排除するため、斉彬が老中阿部正弘に薩摩の密貿易をばらした。調所の死は責任を被っての自害である。

1848年、斉彬の子寛之助が急死した。斉彬派の家臣相良市郎兵衛と相良宗右衛門はお由羅が呪いをかけたといきり立つ。斉興は真相究明を求める両名を遠島送りにした。さらにその翌年、斉彬の別の子篤之助も亡くなった。斉彬派の高崎五郎右衛門らはお由羅の暗殺を密議した。だが計画が露見、高崎ら6名は死罪となった。

斉彬派を一掃するため、斉興は1850年、重臣の赤山靱負《あかやまゆきえ》らにも死罪を申し付けた。このときの処分者は遠島や閉門などを含めて50人以上にのぼった。斉興による一連の大量粛清劇を「お由羅騒動」という。

窮地に立つ斉彬を助けるため、開明派の同志である福岡藩主黒田長溥《ながひろ》（島津重豪の子）や宇和島藩主伊達宗城《むねなり》、老中阿部正弘らが手を差し伸べ、将軍家慶《いえよし》を動かして斉興を隠居に追い込んだ。1851年、斉彬が11代藩主の座に就いた。

新藩主斉彬は列強の脅威に備え、西欧の技術を導入して反射炉や鋳造所をつくり大砲製造に乗り出す。洋式船の建造にも着手し、富国策として貿易用の陶器や切子細工のガラス製品の製造も始めた。斉彬によって薩摩は近代的な工業国に変貌した。

斉彬の政治信条は譜代大名による専制を廃し、外様や親藩も政治参加する挙国一致政権だった。それを実現するために養女篤姫《あつひめ》を13代将軍家定《いえさだ》に嫁がせてもいる。しかし在封7年半。夢半ばで斉彬は急死した。その衣鉢は西郷隆盛や大久保利通《としみち》、小松帯《たて》刀《わき》らに受け継がれ、やがて彼らが明治維新に導いていくのだ。

12代藩主には久光の嫡男忠義が就いた。ただし忠義が年少とあって久光が後見する。久光は尊敬する兄斉彬が敷いた路線を忠実に守った。薩摩が中央政界で影響力を発揮するのは久光が実権を握ってからである。1862年、久光は兵を率いて京に上り、朝廷から勅を得て、武力を背景に幕政改革を実現したことがきっかけだった。

兄ができなかったこの「卒兵上京」により、朝廷と軍事力が直接結びつき、倒幕の歯車はまわり出した。久光の功績はもっと評価されてしかるべきだろう。

さて、西郷隆盛である。欧米政治を熟知する上田藩士の赤松小三郎を暗殺し、大政奉還後には徳川慶喜を挑発するために、江戸の町で浪人たちに放火や強盗をさせている。贋金づくりに手を染めて活動資金を稼いだ。情に厚い面ばかりが強調されるが、西郷は目的のためには手段を択ばない冷徹さを兼ね備えていた。だからこそ師である斉彬の雄藩連合政権構想をはるかに超え、倒幕の偉業を成しとげられたのだろう。

文芸社文庫

江戸三百藩 スキャンダルで読み解く

二〇一八年八月十五日　初版第一刷発行

著　者　山本　明
発行者　瓜谷綱延
発行所　株式会社　文芸社
〒一六〇－〇〇二二
東京都新宿区新宿一－一〇－一
電話　〇三－五三六九－三〇六〇（編集）
〇三－五三六九－二二九九（販売）
印刷所　図書印刷株式会社
装幀者　三村淳

ISBN978-4-286-19690-9